Ministerio Efectivo a los HUÉRFANOS

DR. LARRY E. BANTA

ISBN 978-1-64300-912-4 (Paperback)
ISBN 978-1-64300-913-1 (Digital)

Traductor: José José Aparicio
Revisor: Benigno José Aparicio

Los textos bíblicos que aparecen en este libro, fueron tomados de la
"Santa Biblia Nueva Versión Internacional" © 1999 por la Sociedad
Bíblica Internacional

Covenant Books, Inc.
11661 Hwy 707
Murrells Inlet, SC 29576
www.covenantbooks.com

Dedico esta obra a la memoria de mi querida esposa, Ellen Banta, una verdadera campeona en el cuidado y asistencia de niños desubicados y discapacitados.

CONTENIDO

CAPÍTULO 1

Introducción

En este manual, el término *«huérfano»* se refiere a aquellos niños imposibilitados de vivir con sus padres biológicos. Algunos verdaderamente serán huérfanos debido a la muerte de sus padres por sida, ébola o cualquier otra epidemia; aunque también podría deberse a algún accidente, guerra, terrorismo o cualquier otra tragedia. Tal vez otros niños provengan de situaciones en las cuales sus padres naturales o adoptivos no los puedan cuidar, debido a factores relacionados ya sea al niño o a los padres. Sin importar la situación, estos niños no tienen la ventaja de vivir con sus padres biológicos o adoptivos y ahora viven en algún tipo de hogar alternativo.

El asunto de la crianza de aquellos niños que no pueden vivir con sus propios padres siempre ha representado un reto. Como cristianos, tenemos el mandato de cuidar a las viudas y a los huérfanos, ya que es esto lo que debemos hacer en cumplimiento a una religión pura y sin mácula:

"La religión pura y sin mancha delante de Dios nuestro Padre es ésta: atender a los huérfanos y a las viudas en sus aflicciones, y conservarse limpio de la corrupción del mundo" (Santiago 1:27).

Hoy día, el creciente problema de los niños huérfanos y abandonados, representa un gran reto para la iglesia. Por muchos años, esto fue un asunto urbano causado por aquellas familias que viajaban de las áreas rurales a las ciudades y una vez allí, abandonaban a sus hijos porque ya no podían proveer para ellos. A través de los años, yo he convivido con muchos de estos niños, ahora algunos ya son adultos. Muchos tuvieron la fortuna de crecer en un hogar amoroso, ya en adopción o en un orfanato. Este asunto en cuestión ya está tan propagado que nos topamos con él por todos lados, hasta en las comunidades rurales de los países africanos o en la India, lugares que ya están siendo alcanzados por muchos ministerios cristianos. Esta es una gran oportunidad para el pueblo de Dios en cuanto a que puede proveer ayuda especial en este ministerio tan necesitado.

El concepto de procrear es algo que aprendemos de nuestros propios padres, ya sea buenos o malos. La mayoría de nosotros, los cristianos en particular, aprendemos a modificar nuestros comportamientos cuando tenemos el deseo de mejorar en cuanto al estilo de crianza que nuestros padres ejercieron en nosotros. De otra manera, generalmente repetiríamos sus errores, con frecuencia amorosos pero inconscientes y seguir con esos patrones disfuncionales por otra generación más. Ya de por sí resulta difícil ser padres o madres de los hijos que tenemos, pero resulta aún más retador el hecho de ministrar en el cuidado y crianza de aquellos niños que no tienen padres. Se debe hacer de la manera correcta. El mundo está lleno de orfanatos diversos, de entre los cuales, algunos funcionan bien, pero otros no. Los resultados dependen en mantener el enfoque centrado en el ministerio y en el desarrollo de un programa capaz de mantener un ambiente saludable que cumpla exitosamente con los retos físico, mental y espiritual de los niños.

Algunos orfanatos utilizan el modelo "normal" de un hogar. Es decir, un matrimonio que tiene sus propios hijos, administra un hogar con veinte o treinta niños y niñas mezclados y de diferentes edades. Para algunos, esto funciona comúnmente bien y con un resultado óptimo. Sin embargo, algunos niños huérfanos no se sienten bien con el hecho de que sea otra persona haciendo el papel de su papá o mamá, especialmente la mamá porque tales niños se sienten muy mal ante la idea del abandono por parte de su madre biológica. Les causa trauma pensar en la separación que viven sin su mamá. En estos niños existe la tendencia subconsciente de culpar a la mamá que los tiene en custodia o cuidado. Es decir, le atribuyen a la mamá adoptiva la mala situación que están pasando y que ya no tengan un hogar propio. Para ellos, la representación materna más cercana, la cabeza femenina, es la culpable y sobre ella descargan su ira, enojo, abandono, dolor o traición.

A través de los años, después de trabajar con varios modelos y consultar con distintos orfanatos en diferentes países, me he dado cuenta que el modelo de dormitorios es el más conveniente para la mayoría de los niños, pero tiene que ser el que opera con cuidadores terapeutas o con padres sustitutos pero que no cambien constantemente. De entre los tipos de ministerios que existen, este es uno de «*los*» más retadores y demandantes. Todo lo que ocurre en su interior, lo presenta como una gran oportunidad de surgimiento y crecimiento espiritual; es decir, dentro de un orfanato se tiene que saber lidiar con el estrés emocional, canalizar bien toda la energía personal y soportar las tentaciones que surgen entre el personal emocionalmente vulnerable.

Los resultados espirituales son la recompensa al esfuerzo y tenacidad. Cuando presencias el desarrollo de uno de esos niños, ahora ya adulto, comprometido con Dios, maduro y en plena producción, es algo sumamente reconfortante. ¡Despierta una emoción increíble! Es el profundo gozo de ver a un cristiano comprometido, en servicio a Dios. Su compromiso y bautismo son reales y es un fiel seguidor de Cristo.

Para poder ministrar efectivamente a estos niños, necesitamos entender el desarrollo del niño, particularmente aquellos asuntos relacionados al apego, porque esa es la función primordial del cuidador. También debemos entender cómo tratar los comportamientos y retos frente a la autoridad para así poderlos ayudar a crecer. Estos retos son sumamente importantes y nuestra reacción ante ellos los puede convertir en aprendizajes exitosos y experiencias de crecimiento . . . o no. Si sembramos demasiada negatividad, cosecharemos su amargura.

La administración del hogar es vital en este tipo de ministerio. Conlleva el desarrollo y mantenimiento de la estructura. Requiere buena inversión y administración de la energía. Este manual te guiará respecto a la estructura, el diseño del hogar y qué se necesita para tener un ambiente exitoso.

También te ayudamos a que trates contigo mismo en cuanto a ser el cuidador. Queremos que todos tengan éxito y por ello, debes mantener balanceada tu vida espiritual, emocional, mental y física. Jamás te debes olvidar de que, entre los retos de este tipo de ministerio, lo más importante es tu enfoque en los niños porque su futuro está en tus manos.

Para que efectivamente entiendas cómo funciona este tipo de ministerio, el primer tema que te presentaremos será el de los "sistemas"; es decir, conocerás cómo funcionan las cosas cuando la gente necesita lograr la realización conjunta de una tarea. Después de ello, plantearemos cómo hacerle para edificar la estructura que les ayudará a los niños a crecer en un lugar seguro y saludable. En nuestro aprendizaje de cómo son sus vidas, trataremos el asunto más importante en el desarrollo: el apego y cómo éste se relaciona con el resto de las vidas de los demás niños. Luego, presentaremos algunas pautas básicas en cuanto al manejo del comportamiento, la disciplina y la formación de discípulos; es decir, tú tienes que ser el ejemplo a seguir. Solamente así, los niños se convertirán en discípulos seguidores, obedientes de las enseñanzas de Jesús. Sus vidas manifestarán un testimonio claro de ello.

El formato de este manual es simple, de tal manera que es un bosquejo, a la vez, una narrativa fácil que permite ubicar con rapidez los puntos importantes que debes recordar o encontrar con prontitud en los diferentes capítulos. La esperanza y oración es que este libro provea una instrucción básica que pueda ayudarte a entender cómo llevar a cabo este ministerio de manera efectiva y con certidumbre en ti mismo y así cumplamos con la meta de guiar a los niños para que estos, a su vez, se conviertan en cristianos maduros productivos.

NOTAS

CAPÍTULO 2

Sistemas: El verdadero funcionamiento de las cosas

Para entender de manera plena cómo fundar y administrar un ministerio efectivo en cuanto al cuidado de un orfanato, resulta importante entender algunas cosas básicas del funcionamiento general de las cosas. El hecho de entender el concepto de los sistemas, te ayudará a ser una mejor y más productiva pieza del sistema completo en el que trabajas.

Si observas un coche o una motocicleta, te darás cuenta que funciona solamente como resultado de su colección de partes, todas unidas correctamente, cumpliendo cada una con sus tareas asignadas y marchando a la perfección. Si tan sólo una de esas piezas no funcionara adecuadamente, el motor no arrancaría o no desempeñaría sus funciones de manera eficaz. Cada parte es importante y cumple con el papel que le corresponde desempeñar. Si abandonas tu motocicleta o coche por un tiempo muy largo, éste dejará de funcionar, se descompondrá, se caerá en pedazos y dejaría de tener la utilidad para la cual fue construido. Si dejas de darle mantenimiento, no le haces sus cambios de aceite u otros fluidos, dejas que se le acumule el polvo y si no lubricas sus rótulas, dejará de serte útil.

De igual manera, cuando los humanos se reúnen para lograr un propósito o meta común, también se desenvuelven como si fueran un sistema: un sistema humano, pero muy similar al sistema mecánico descrito con anterioridad. Un sistema humano consta de los siguientes elementos.

Componentes: Las partes, es decir, los individuos operando en el mismo sistema.

Roles: Esto es similar a un puesto o posición de trabajo.

Responsabilidades: ¿Qué debe hacer cada persona en particular para lograr que las cosas continúen operando? Esto es como una descripción de puesto.

Relaciones: Esto tiene que ver con la forma en que respondemos o nos comportamos unos con otros y define nuestras conexiones, ya sea en una relación esposo con su esposa, el hijo con su padre, el alumno con su maestro, el niño con su cuidador, el jefe con su empleado, el supervisor con su trabajador, el administrador con su personal, etc.

Jerarquía: Unos roles tienen más responsabilidades que otros; unos están encargados de varios aspectos del sistema para que éste opere bien. Otros, tienen tareas asignadas de parte de los que supervisan. Esto se extiende a la relación entre el cuidador y el niño, donde el personal a cargo es el responsable y no los niños.

Se tiene que diseñar un sistema humano que cumpla con la función para la cual fue diseñado y todas las partes deben funcionar unidas en favor de la meta compartida.

Se requiere de energía que mueva y haga funcionar un sistema. Una persona que cumple con su parte, abastece de energía al sistema, haciendo que éste se muestre mejor organizado y más funcional. Cada persona que cumple con su rol, asegura que el sistema no pare, sino que cumpla su progreso y funcione a niveles óptimos. Cada persona positiva del sistema que permanece predominantemente así con esta actitud, le inyecta energía contagiosa al resto de las partes y así tal sistema se contagia en una buena manera. Si evitamos el conflicto y no criticamos de manera negativa, se promueve la armonía en el sistema y éste funciona como una máquina bien aceitada para lograr el propósito deseado.

De acuerdo con la física, la ciencia que estudia el funcionamiento físico de las cosas, hay una ley conocida como "la segunda ley de la termodinámica": Un nombre grande, pero un concepto simple. Lo que básicamente estipula es que todo tiende a la desorganización y va camino al caos. Si no abastecemos de energía a algo, ello llevará a este algo hacia el camino de la autodestrucción. Esto resulta cierto respecto a tu coche o motocicleta, al igual que para la iglesia, la escuela o el ministerio del cuidado de los huérfanos.

Tú, como parte de un sistema, debes definir tus roles y responsabilidades. Es común que esto se logre con tu descripción de puesto, el cual te ayuda a definir las responsabilidades que tienes que cumplir en el todo del sistema. Apréndete bien tu papel a desempeñar. El hecho de que cumplas con tu rol, llevando a cabo tus tareas, honra a Dios y logrará que el sistema funcione adecuadamente. También, si animas a los demás para que ellos cumplan con sus roles encomendados, esto hará que el sistema cuente con la energía para funcionar mejor.

"Todo lo que hagan, háganlo de corazón, como quien trabaja para el Señor y no para los hombres"

(Colosenses 3:23).

El éxito requerido en el ministerio se logrará si te desempeñas con todo lo que eres, le pones todo tu corazón y das todo de ti. Para que el sistema funcione bien y de manera armónica, debe tener una meta definida y un propósito. La meta principal de un ministerio que tiene que ver con el cuidado de los huérfanos es que éstos "lleguen a su vida adulta como cristianos productivos comprometidos". Cualquier cosa que se hace mientras estamos enfocados en esa meta, ayudará al cumplimiento de la misma. Hazte las siguientes preguntas:

1. ¿Formo parte del sistema?
2. ¿Cuál es mi rol?
3. ¿Cuáles son mis responsabilidades?
4. ¿A quién le reporto? ¿Quién es mi supervisor?
5. ¿Cuál es la meta del ministerio?

6.   ¿Está cumpliendo con su propósito el ministerio?
7.   ¿Le estoy inyectando energía positiva al sistema o le estoy extrayendo su savia?

Como parte integral del sistema, te debes examinar constantemente para constatar que en verdad estás cumpliendo con tus funciones y responsabilidades a desempeñar y también debes asegurarte de apoyar a otros para que éstos cumplan su parte. Además, si puedes ser una influencia positiva y alentadora con tus compañeros de trabajo, estás cumpliendo con tu parte *y* le estás agregando energía positiva y organización al sistema. Examina tu corazón ante la presencia de Dios y asegúrate de estar contribuyendo al éxito del sistema.

El hecho de entender estos conceptos básicos, te recuerda enfocarte en lo tuyo, en tu parte y así darás lo mejor de ti. Para entender cómo desarrollar una estructura en tu hogar, primero debes tener un sistema estructurado.

Una vez que hemos entendido que funcionamos como un sistema, que trabajamos unidos, para cumplir el propósito de Dios en este ministerio, necesitamos considerar cómo, en verdad, construir y estructurar el sistema que necesitamos. Empezaremos por entender cómo estructurar nuestro hogar para que el sistema funcione. Mantener una estructura requiere de energía positiva.

Recuerda que todo se desplaza hacia el caos y Satanás hace todo lo posible para que así suceda. El plan de Dios es mantener la armonía y la unidad. Dios logrará esto en tanto que tú mantengas tu enfoque en él.

NOTAS

CAPÍTULO 3

La creación de un hogar de éxito: La estructura

El diseño de una base sólida para poner en funcionamiento un hogar requiere de lo que se conoce como **estructura**. Esta cimentación es como el esqueleto que soporta todo lo demás para que haya un buen funcionamiento interno. Es dentro de este marco que el hogar opera. Sin esta estructura, el hogar no es más que simple grupo de personas viviendo en medio del caos.

¿QUÉ ES LA ESTRUCTURA?

Un hogar estructurado tiene las siguientes cualidades:

CONSISTENCIA
POSIBILIDAD DE PREDICCIÓN
SEGURIDAD
RELACIONES POSITIVAS
CRECIMIENTO Y DESARROLLO SALUDABLE

Consideremos estas características . . .

La **consistencia** implica que los acontecimientos y actividades diarias generalmente son rutinas que se ejecutan a una hora determinada y que se esperan con anticipación; es decir, la vida diaria tiene cierto patrón establecido. En la mayor parte del tiempo, las cosas suceden con cierta **predicción**. Existe un sentido de **seguridad,** ya que los patrones establecidos les permiten a los niños estar a gusto y saben qué esperar. Debido al hecho de que las cosas están organizadas y arregladas de manera segura, esto permite el desarrollo de **relaciones positivas**. Con esta cimentación firme, el niño se siente seguro y experimenta un **crecimiento y desarrollo saludable**. Una meta principal de cualquier trabajo con los niños es ponerlos de nuevo en la vía de su desarrollo.

CONCEPTOS IMPORTANTES

- LA FAMILIA ES UN SISTEMA.
- TODOS LOS SISTEMAS TIENDEN A DESPLAZARSE HACIA EL CAOS.
- SE NECESITA DE ENERGÍA PARA MANTENER ÍNTEGRO Y UNIDO UN SISTEMA.
- LA INTEGRIDAD DE UN SISTEMA INICIA CON SU ESTRUCTURA.
- LA ESTRUCTURA ES LO QUE HACEMOS PARA PERMITIR QUE EL SISTEMA CUMPLA CON SU PROPÓSITO.
- EL PROPÓSITO DEL SISTEMA CONOCIDO COMO FAMILIA CRISTIANA ES PARA PRODUCIR CRISTIANOS ADULTOS SALUDABLES Y COMPROMETIDOS QUE PUEDEN CONTINUAR EL PROCESO.

El recuerdo de la esencia respecto a la teoría de los "sistemas" que planteamos en la primera lección, nos lleva a concluir que la familia es un «*sistema*». Como tal, si se deja al abandono y sin un cuidado esmerado, tenderá a desorganizarse y a descomponerse, tal cual sucede con un coche viejo que se deja a la intemperie o una construcción en desuso. Se necesita de la energía requerida que permita el buen funcionamiento de un sistema. Esto le da marcha atrás a la tendencia en desplazarse hacia el caos, dando como resultado el desarrollo y la manutención de la «*integridad*». La integridad es unidad y totalidad: todas las partes del sistema funcionando unidas y bien, permitiendo que la máquina opere de manera propia para cumplir con su propósito.

En tanto que mantengamos firme la estructura, estaremos preservando la integridad del sistema. Lo que la estructura logra es crear el ambiente propicio para que el sistema pueda operar sin ningún contratiempo. Debido a que todos los sistemas tienen un propósito, el sistema familiar puede así generar su producto: adultos cristianos comprometidos y productivos. Cuando el sistema deja de funcionar, el producto se torna en algo destructivo en vez de constructivo. Nuestro trabajo como cuidadores es mantener el sistema funcionando sin falla alguna.

¿QUÉ LOGRA UNA ESTRUCTURA ADECUADA?

- **Un niño que crece en un sistema familiar organizado, aprende a conducirse de manera adecuada en el mundo.**
- **El niño obtiene un fundamento y base moral, aprende la habilidad de ser paciente y tolera la gratificación que no llega a tiempo y hay menos posibilidades de que se convierta en alguien impulsivo e hiperactivo.**
- **El niño adquiere fuerza, empuje y motivación.**
- **Es más probable que el niño tenga ritmos biológicos saludables.**
- **Es más probable que el niño tenga un mejor control de sus emociones.**
- **Es más probable que el niño tenga claro, entienda y respete los límites adecuados.**

Los niños provenientes de pasados caóticos o que hayan sufrido algún abuso, comúnmente carecerán de la corteza cerebral adecuada que modulen y controlen sus emociones y biorritmo. Cuando consideramos lo que produce el caos y la falta de atención, podemos imaginarnos que el niño que crece así, desarrolla en su interior el caos y carece de una estructura «*interna*». Esto da como resultado una base moral débil. "Lo que quiero y deseo tener, lo quiero ya". De igual manera, el resultado es una persona que no puede controlar sus impulsos y es más hiperactivo. Al tiempo que se desquebraja la estructura familiar, presenciamos un gran incremento de niños que presentan problemas de comportamiento. Estos niños también carecen de una orientación hacia el futuro; es decir, no sueñan con un futuro, no planean anticipadamente, como tampoco piensan en las consecuencias de sus actos. Sus emociones tienden a ser inexpresivas o llanas, como también pueden carecer de contexto y límites. Es más probable que estos niños muestren síntomas que corresponden a enfermedades mentales importantes (en ocasiones sí, es este el caso, pero no siempre).

El sentido de los límites se enseña dentro del contexto de una estructura. Sin ella, es sumamente difícil saber cuáles son las reglas. Así que, contemplando los sistemas que parecen verse afectados por la falta de una estructura, ¿Podría ser que tal vez la estructura afecte el desarrollo cerebral? En verdad sí, es este el caso. La estructura externa da como resultado una estructura interna. Este es un concepto importante que se debe recordar.

LA ESTRUCTURA EXTERNA PRODUCE UNA ESTRUCTURA INTERNA

- La estructura externa gradualmente se irá internalizando al tiempo que el niño vive dentro y responde al sistema.
- El proceso conocido como: "La internalización de la estructura", permite el desarrollo de las capas faltantes en la corteza cerebral.
- Todo aprendizaje produce nuevas conexiones neuronales en la corteza cerebral.

El aprendizaje de cosas nuevas cambia la estructura del cerebro, promoviendo y propiciando el desarrollo de nueva corteza cerebral, como redes y conexiones entre varias áreas del cerebro y así la persona tiene la capacidad de actuar distinto. Sin la estructura, los niños no tienen la corteza cerebral y conexiones neuronales adecuadas en el cerebro para modular sus emociones y comportamientos o ni siquiera sus ritmos biológicos: cuándo comer, dormir, ir al baño y demás.

Al tiempo que el niño vive dentro de la estructura, lo externo gradualmente se convierte en lo interno. La estructura promueve la formación de la corteza cerebral, nuevo aprendizaje y cambios en cuanto a cómo se debe conducir el niño. Entre más tiempo permanezca la estructura en su lugar y entre más consistente sea, más estable y sólido será el desarrollo de las distintas capas.

El hecho de entender qué es **la estructura** y cómo la podemos crear y mantener, resulta ser parte sumamente importante en la provisión del cuidado que estos niños necesitan. El concepto del hogar como sistema, nos ayuda a entender cómo hacerle para crear la estructura que se necesita. La estructura del hogar incluye los siguientes elementos clave:

- La disciplina
- Los horarios
- Los ritos (rutinas)
- Los límites
- Las jerarquías
- Los roles y responsabilidades

Ahora, consideremos de cerca cada uno de estos elementos clave . . .

DISCIPLINA

- Enseña a los niños lo que es bueno y propio en cada instante que puedas.
- Aplica, consistentemente, las consecuencias derivadas del comportamiento, apropiadas a la situación, justas, sin abusos y que el niño las entienda adecuadamente.
- La disciplina se debe mantener como algo positivo, en tanto que sea posible.

- Señala lo que es incorrecto o inapropiado y provee oportunidades para rápidamente enfocarse en comportamientos correctos o apropiados.
- Resulta esencial que siempre proveas «*los momentos de enseñanza*».
- El hecho de encontrar a los niños haciendo lo bueno, nos provee de afirmaciones positivas.

Antes de que podamos enseñar lo que es debido o propio, debemos tener una base moral que provenga de la Palabra de Dios. Si nosotros mismos no entendemos la Biblia, resulta imposible tener los fundamentos que podamos transmitirles a los niños. Careceremos de una base que nos sirva para tomar decisiones morales. Esto daría como resultado que nuestra moralidad tenga como base nuestras propias ideas humanas, que estarían sujetas a múltiples cambios.

Se requiere de energía para mantenerte vigilante, para notar cuando las cosas van mal y se necesitan ajustes, para proveer orientación y para manejar las consecuencias consistentemente hasta llegar a su fin. Al aplicar las consecuencias, siempre debemos pensar en lo que estamos haciendo:

¿Qué meta tiene la consecuencia?
¿Qué enseña?
¿Es para causar dolor y aflicción?
¿Es para vengarme de algo que el niño me hizo?

La meta siempre debe ser enseñar y entrenar. Es por ello que habrá ocasiones en que debemos retroceder y considerar antes de tomar alguna acción. Tal vez podríamos pedirle el consejo a alguien o, mejor aún, acudir a Dios en oración, buscando su dirección para que así nuestra reacción no promueva negatividad y empeoren las cosas. Las consecuencias se deben aplicar de manera consistente, apropiadas a la situación y que tengan como «*meta la formación e instrucción del niño*».

Para entender el propósito de la disciplina, debemos tener claro el concepto de discipular; es decir, ayudar a los niños a que se conviertan en discípulos de Cristo. Siempre mantén en mente la meta de producir cristianos adultos que, a su vez, sean productivos. ¿Son las consecuencias que estás aplicando algo que va a atraer a estos niños más cerca de Dios o los apartará de él? Busca que tus momentos de disciplina sean *«momentos de enseñanza»*, cuando una influencia positiva tenga como resultado un efecto grandioso.

También, procura que tus *«momentos de enseñanza»* sean instantes de grandes lecciones, *especialmente* durante momentos de buen comportamiento. El hecho de procurar encontrar a los niños en sus momentos de buenas acciones, representa un poco de esfuerzo consciente, pero vale la pena. La provisión de unas cuantas palabras de ánimo es algo poderoso en promover el buen comportamiento. Ellos apreciarán que lo notaste y recordarán ese sentimiento tan grato por mucho tiempo.

HORARIOS

- Muchas de las instalaciones logran mantener un horario regular. Sin embargo, es importante reconocer *«por qué»* lo hacemos. No es simplemente porque resulta conveniente, aunque sí ayuda a que el sistema funcione de manera propia, pero también afecta el proceso de apego. El hecho de proveer un patrón consistente durante el día, cuando el niño anticipa que sucedan ciertas cosas de manera predecible, reduce la ansiedad y permite el desarrollo de la confianza, un componente principal necesario en la obtención de un apego saludable.

- Un horario adecuado requiere de energía y dedicación. Nuevamente, la energía aplicada a la situación organiza el sistema y reduce el caos. El caos acaba con la energía, produciendo más caos y finalmente da como resultado la descompostura del sistema.

- Al ser consistentes en la hora de irse a dormir, los horarios de las comidas, los horarios para levantarse, hace que el sistema funcione adecuadamente. Siempre habrá sus

excepciones a las reglas, pero no hay que dejar de lado mantener los mismos estándares para la mayoría de los días, con sus excepciones en ocasiones especiales.
- El hecho de seguir un horario, cambia la forma de trabajar del cerebro, mejorando el crecimiento, estabilizando el humor y los patrones del sueño.
- El hecho de mantener un horario estructurado es un asunto tan importante, porque logra hacer que el niño vuelva a un patrón normal de desarrollo.

Para algunas instalaciones, el hecho de tener un horario de las actividades por escrito puede ser de gran ayuda, especialmente para los niños recién llegados y puede servir para ayudarles a los cuidadores que también ellos puede que necesiten volver a sus actividades. La certeza de que algo sucederá en cierto momento predecible ayuda a proveer un gran sentido de seguridad.

LOS RITOS

- **Los rituales producen un sentido de comunidad y pertenencia**. Partes de la identidad y porciones culturales individuales están unidos a los ritos. Al observar acontecimientos regulares ayuda a desarrollar y mantener partes importantes de la identidad. Esto también provee una oportunidad para que en familia se hagan cosas (rutinas) importantes.
- **Resulta muy importante proveer la energía requerida para desarrollar y mantener los rituales apropiados**. Se necesita la energía que nos ayude a recordar que debemos cumplir con acontecimientos importantes y cargados de significado. Muestra tu creatividad para que éstos resulten interesantes. Asegúrate de entender el significado del ritual y lo importante que es preservarlo.
- **Los rituales culturales ayudan a mantener un sentido de identidad**. Estas prácticas celebran y le dan el sentido

de pertenencia a una cultura en particular, proveyendo un gran sentido de identidad e historia. Algunos ritos culturales incluyen cosas que nosotros hacemos como cristianos porque queremos inculcar en nuestros niños la identidad más importante que existe.

- **Los ritos o rutinas diarias incluyen orar antes de comer, un tiempo devocional antes de irse a dormir o al levantarse y cómo nos saludamos unos a otros durante el día.**

Al tiempo que nos sentamos a la mesa, en vez de provocar un caos al tomar los alimentos, se pide un momento de atención. Todos se inclinan para orar, se toman de las manos, entrelazan sus manos o muestran cualquier postura adecuada en reverencia a Dios. Todos permanecen callados mientras una persona dirige la oración a nuestro Dios. Todo se hace con respeto. Esto nos recuerda a todos que toda dádiva perfecta proviene del Padre; es decir, toda nuestra provisión, alimento, dinero, techo y todo proviene de Dios y es a él a quien le debemos gratitud.

El tiempo de los alimentos y la devoción nos ayudan a darle a Dios su lugar apropiado, en su trono, a cargo del universo, quien nos guarda y nos provee de todo. Esto es parte de la jerarquía que más se necesita en un hogar cristiano. Al ir terminando el día, tal vez nos congreguemos para orar o podemos iniciar el día con la lectura de la Biblia y la oración. Cuando se tenga un devocional debe haber flexibilidad para que surjan breves momentos de preguntas espirituales que motive a la reflexión en grupo y también se debe promover aquellos momentos individuales para resolver cualquier duda o lucha en cualquier área en la vida del niño.

Los saludos adecuados ayudan a preservar la jerarquía entre los niños y los adultos. En los Estados Unidos de Norteamérica no somos tan afectivos como en otros países, pero los saludos siguen siendo parte importante de la cultura. Antes de que el niño aborde al personal con cierto asunto debe saludar de manera adecuada: "buenos días, buenas tardes o buenas noches". Hay culturas donde la persona hace reverencia inclinándose hacia adelante o en otras existe el apretón de manos o el abrazo. Los niños aprenden dependiendo de su cultura, pero lo importante es resaltar que esto ayuda a poner los límites adecuados y mostrar respeto. Parte del ritual también tiene que ver con no interrumpir cuando los mayores platican, a menos que el asunto sea algo muy urgente. El hecho de mantener los ritos enfatiza la jerarquía y promueve los límites adecuados y el respeto de unos con otros.

RITUALES ESPECIALES

- Los **CUMPLEAÑOS** son un tiempo muy especial para cada niño. En ocasiones no sabremos el cumpleaños de un niño sino hasta que pasa un tiempo después de su llegada al hogar. Una vez que se sabe, se le debe considerar un día especial. En el caso de hogares muy grandes, asigna un día especial del mes para celebrar el cumpleaños de todos los niños que cumplieron año ese mes. La celebración se puede realizar manteniendo las normas culturales, pero debe haber un momento asignado a la oración hecha por alguien del personal y que ruegue a Dios por el año por venir en la vida de los que cumplieron año. Debes ser muy creativo en esto.

- Los **ANIVERSARIOS** nos muestran días especiales con significados especiales. Se puede tratar del aniversario de boda de alguien del personal o la fundación de la casa hogar. Este momento es una buena excusa para comer pastel o recibir algo agradable y que es especial. También, debe haber una oración especial pidiendo la bendición de Dios.

- La **NAVIDAD:** es otro momento especial. En ella la mayoría de los cristianos por todo el mundo celebramos el nacimiento de nuestro Salvador. Este tipo de celebración puede variar de un lugar a otro, pero es un día especial. La forma de celebrarla normalmente tiene que ver con la cultura del lugar y tal vez debido a algunos ritos o rutinas familiares que se le hayan integrado. Puede que haya regalos o algunos detalles gratos para todos. Sin embargo, el evento principal debe ser la lectura de la historia navideña que se encuentra en Lucas 2:1–20. Después de la lectura se puede aprovechar para compartir y discutir respecto a los acontecimientos asombrosos que Dios hizo para enviar a su Hijo a salvarnos. El hecho de cultivar ciertos ritos para esta ocasión tan especial les impacta mucho y tiene gran significado para los niños.

- El **DOMINGO DE RESURRECCIÓN:** es un día de gran importancia y sumamente especial. A pesar de que muchos de nosotros ya celebramos la resurrección de Cristo cada domingo, hay lugares donde el domingo de resurrección representa una gran celebración especial. Puede que imperen algunos factores culturales en esta celebración, pero se debe incorporar la lectura de la resurrección y se debe reflexionar en la importancia de recordar este gran sacrificio que Jesús hizo por nosotros y que él resucitó de entre los muertos sobreponiéndose así y saliendo victorioso. Es una ocasión de gran gozo que así se debe recordar. También, resulta importante no mezclar esta celebración con ritos paganos ya que en muchas culturas la resurrección de Cristo se ha convertido en una festividad pagana.

- Los **DÍAS FESTIVOS NACIONALES:** también son celebraciones especiales. Dios es muy claro en que debemos honrar a nuestros gobernantes. Es decir, respetamos nuestro país y a sus líderes, obedecemos las leyes y compartimos juntos las celebraciones especiales. Esto nos produce un sentido de pertenencia a nuestro país y cultura. Goza de esta celebración con actividades apropiadas a la cultura y hasta puedes contar una historia que vaya acorde al motivo de la festividad. Y, como siempre, aprovecha la oportunidad tan hermosa de adorar a Dios, el gran y verdadero Rey.

- Los **DÍAS CULTURALES ESPECIALES:** son otra festividad más. Hay culturas que celebran otras fiestas muy especiales. Necesitamos tener cuidado en lo que éstas significan. Algunas pueden ser totalmente paganas y dedicadas a reverenciar falsas divinidades. Necesitamos enseñarlas a los niños, pero no debemos participar en la celebración. El personal debe estar familiarizado con la cultura y con el significado de estas celebraciones. Puede enseñarse de la historia cultural y se puede presentar como una experiencia positiva.

RITOS VARIADOS

Estos ritos corresponden al paso de una situación a otra que impera en la vida. Resulta especialmente importante darle la dimensión adecuada a estos acontecimientos tan especiales. Cada paso importante que demos en la vida y que es algo que nos marca para siempre, se debe recordar porque así lo tendremos o consideraremos como algo grato y nos muestra que hemos pasado de una circunstancia a otra. Es decir, ha quedado grabado en nuestra mente que antes "éramos" pero ahora "somos". En cada etapa hay nuevas responsabilidades y la ceremonia de graduación o paso a la nueva situación nos recuerda esto. Así, estamos listos para enfrentar lo que venga en la nueva etapa de la vida.

- **Graduación del kínder, la primaria, la secundaria, la preparatoria y la universidad.** El hecho de marcar el logro obtenido no tan sólo sirve para mejorar la autoestima y autoimagen sino que previene al niño y lo prepara para la siguiente etapa importante de su vida. El niño sabe que le esperan nuevos retos.

- **Cumpleaños en celebración de las etapas de pre-adolescencia y adolescencia. Estos son momentos especiales para discutir y hablar sobre sexualidad y desarrollo.** Esta etapa corresponde a los años 12 y 13 del niño. Algunos hogares proveen un retiro especial para aquellos niños que llegan a esta edad, en cuyo momento se les instruye respecto a su sexualidad, lo que es bueno y malo y como resistirse a la tentación de adoptar la falta de moralidad de los demás. Esto se puede combinar con actividades especiales, competencias atléticas o cualquier otra actividad que haga de este momento algo realmente especial. (Checa el capítulo 12 sobre la educación sexual en el hogar).

- **Celebraciones especiales de oración de intercesión u otras.** Cuando el niño celebra algo especial resulta sumamente importante pedir la bendición de Dios en su vida actual y dirección futura. Esto muestra la importancia que Dios tiene en nuestras vidas y en nuestro futuro para que sea él en quien podemos confiar respecto de su guía y ayuda en nuestras necesidades. (Considera leer: *"La bendición: Dando el regalo del amor incondicional y la aceptación"*, escrito por John Trent y Gary Smalley).

- Las **fotografías:** es un detalle muy importante para conmemorar. Como ayuda para el niño en cuanto a que se sienta que pertenece al hogar es el uso de fotografías y álbumes fotográficos. Éstos conmemoran eventos previos correspondientes a las diferentes etapas en la vida. Se pueden desplegar fotos en un lugar especial en el hogar las cuales se cambien cada vez que sucede algo nuevo o alguien nuevo llega al hogar. Cuando el niño se va del hogar, muy probablemente querrá llevarse su álbum o las fotos más significativas para él o ella que le recuerden los distintos acontecimientos de su niñez.

LIMITES

- **ESPACIO INTERPERSONAL.** Es común que este espacio lo defina la cultura, pero generalmente es otorgado por nosotros mismos en cuanto a nuestros propios niveles de comodidad. Necesitamos mantener un espacio apropiado y únicamente invadir el espacio personal de los demás cuando así nos lo permitan. Esto es como una burbuja invisible que nos rodea. Puedes acercarte, pero no demasiado. Puedes tocar el hombro o el brazo, pero por regla general las demás partes están prohibidas.

- **SALUDOS**. Los saludos nos ayudan a mantener una distancia social apropiada. Algunos niños tolerarán un abrazo como saludo, pero otros no. Para algunos, un abrazo o cualquier otro contacto físico significa un despertar de su sexualidad y por lo tanto se debe evitar. (Checa el capítulo 11: Abuso sexual y niños sexualizados). Como ya lo mencionamos, los saludos ayudan a mantener en su lugar la jerarquía.

- **RESPETO POR LA PROPIEDAD AJENA**. Debemos respetar las propiedades ajenas correspondientes a los niños y, a la vez, debemos enseñarles a respetar las propiedades de los demás. Las inspecciones o búsquedas en los cuartos solamente se deben realizar como se hayan estipulado. Debe haber razón de ello; es decir, la búsqueda de droga, contrabando, artículos robados, pensamientos de autoagresión o daño a otros y hasta el acaparamiento de alimentos (la comida echada a perder puede provocar reacciones muy desagradables). Habrá situaciones en que se tenga que aumentar la vigilancia para proteger a los niños.

- **TOCAR**. Cada instalación debe contar con normas escritas, colocadas en lugares visibles respecto a tocar a otros. Se podrá abrazar, tocar el hombro, el brazo o la espalda de alguien excepto cuando tal persona no lo pueda tolerar. Es importante que cuando se toque a alguien esa persona lo haya permitido. El contacto visual no se fuerza, pero es una invitación a ello. Si no se tolera, no se debe forzar. Al tiempo que progresa la relación también aumentará el contacto visual.

- **LENGUAJE**. El lenguaje verbal debe ser el adecuado y no se debe divagar y caer en la vulgaridad o lenguaje inapropiado en aquellas áreas que tienen que ver con la sexualidad, a menos que se estén haciendo preguntas específicas, que son mejor planteadas por la persona (papá o mamá) correspondiente al sexo del que está siendo interrogado. Cuando el niño use lenguaje inapropiado, se le debe hacer saber de su error y se le debe corregir. Por lo general, una corrección verbal es inadecuada. La mayoría de los niños que provienen de una vida en las calles manejan un vocabulario vulgar y tienen que adaptarse gradualmente mientras aprenden qué es lo que se considera como propio.

- **SEXUALIDAD APROPIADA**. Es vitalmente importante mantener límites apropiados entre el personal y los niños y entre los mismos niños. Muchos niños aprendieron sus comportamientos propios de la cultura de las calles y no logran entender lo que es bueno o malo. En la casa se les debe instruir respecto a lo que es permitido tocar de otra persona, lo privado en los demás y el respeto a su propio cuerpo. Esta enseñanza debe ser general para todos. De igual manera, recuerda mantener vigiladas las actividades entre niños del mismo sexo, como aquellas entre niños y niñas.
- **PRIVACIDAD**. Esto tiene que ver con el espacio personal de cada niño, al igual que con un entendimiento respecto al pudor y las posesiones personales. El personal de la casa no debe invadir la privacidad del niño a menos que sea justificado como ya se señaló.

JERARQUÍA

- El personal está a cargo, no los niños.
- El personal debe ganar todas las batallas, así que toma las decisiones correctas y sabias. (Recuerda que el amor es el que siempre triunfa).
- El personal debe tener muy claro las líneas de autoridad.
- Se necesita de energía para mantener la integridad del sistema. Cuando falta, los niños asumen el poder.

Cuando existen líneas claras de autoridad, el sistema está más seguro. Cada individuo necesita conocer su papel a desempeñar.

Los niños son niños, los adultos son los que están a cargo. Cuando sea inevitable una batalla, necesitamos asegurarnos de que ésta sea justa y que el resultado no permita que sea el niño el que quede a cargo. El hecho de que seas honesto y admitas tu error no cambia la jerarquía. Simplemente busca el perdón del niño y esto hará que fortalezca la relación y se mantenga la jerarquía. También debe haber espacio para el diálogo y la discusión del porqué y la razón de la toma de decisiones. Para mantener la jerarquía, el director de la casa hogar debe mantenerse fuerte continuamente y ser un líder efectivo. Jesucristo nos enseñó el concepto del liderazgo como un siervo: así funciona el liderazgo en el orfanato.

ROLES Y RESPONSABILIDADES

- Cada miembro del sistema tiene un rol definido y tiene responsabilidades que acompañan ese rol.
- El papel del niño es jugar, aprender, crecer e interactuar adecuadamente con los demás.
- Al tiempo que crecen, a los niños se les asigna tareas relacionadas al trabajo, para enseñarles más responsabilidad.
- El personal tiene roles especiales, como hayan sido asignadas por la administración, para cumplir con responsabilidades como figuras parentales, maestros u otros roles.

CONCLUSIÓN

- El hecho de proveer energía positiva al sistema tiene que ver con cumplir con el rol de cada quien, comunicarse bien con los demás del equipo de trabajo, confirmando los límites, proveyendo fortalecimiento positivo (energía) a los compañeros de trabajo y cumpliendo con tu parte para mantener la integridad estructural.

- La energía positiva invertida en el sistema produce la integridad del mismo (totalidad), lo cual permite que la estructura se mantenga firme y así se mantenga su propósito.
- La energía negativa destruye la integridad del sistema, produce caos y altera el propósito del sistema, haciendo que el sistema opere mal y no produzca el resultado deseado.
- El propósito del sistema es la producción de cristianos adultos comprometidos y, a su vez, productivos.

NOTAS

CAPÍTULO 4

Desarrollo y apego normales

Para que un niño llegue efectiva y exitosamente a su adultez y se le ofrezca la mejor oportunidad de convertirse en un miembro productivo de la sociedad, es vital que el proceso de apego se logre de tal forma que permita el desarrollo de relaciones saludables fuertes. Tal proceso se da y abarca los años maduros del niño, pero se debe empezar pronto. Con cada experiencia nueva del infante, más corteza cerebral compleja se crean en el cerebro, más conexiones neuronales, más extensiones enriquecedoras que permiten una actividad más compleja. Si éstas no se llevan a cabo de manera exitosa, el ajuste del niño a su vida adulta podría resultar muy difícil.

El proceso comienza desde el inicio mismo de la vida, en el vientre materno:

- **Dentro del útero**, una vez desarrollado el sistema auditivo, el bebé puede escuchar las voces de la mamá y del papá y tales voces las reconocerá tan pronto nazca.
- **Al nacer** el infante toma el olor, la voz y el roce de su cuidador y preferentemente buscará la voz materna y en ocasiones la voz paterna si éste estuvo cerca durante el embarazo.
- **Después de nacer** empieza y se desarrolla la siguiente etapa del apego.

ESTADOS Y NECESIDADES BÁSICAS

El bebé en pleno desarrollo empieza con seis estados:

1. Despierto alerta
2. Despierto llorando
3. Despierto somnoliento
4. Sueño ligero
5. Soñar mientras duerme
6. Sueño profundo

El apego está basado en suplir consistentemente las necesidades básicas del infante en todos sus estados sin causarle demasiada frustración.

- **Despierto alerta**. En este estado el infante está buscando conocer de manera emocional, física, visual, mediante el tacto y auditiva tomando pequeños bits (trocitos) de información que procesa más tarde convirtiéndolos en desarrollo del lenguaje y emoción. Tan pronto como nace, ya es capaz de esforzarse por imitar los movimientos y expresiones de su cuidador. En esta etapa le debemos de proveer información e interacción, particularmente con estímulos visuales y hablándole. No hacerlo inhibe el crecimiento de su cerebro y su desarrollo.
- **Despierto llorando**. Con esto el niño está expresando una necesidad. El cuidador evalúa a tiempo el problema y responde, tal vez necesite un cambio de pañal, algo de comer, una cobija calientita, afecto genuino o atención amorosa. Responder a tiempo implica el desarrollo de la confianza. La negación fomenta la desconfianza y un sentido de futilidad, que puede llevar al infante a un estado de depresión.
- **Despierto somnoliento**. Puede que el niño se esté despertando o a punto de dormirse. Necesita una temperatura apropiada y un ambiente seguro, sin ruido y

protegido. Al despertar el niño, provéele quietud y tal vez lo puedas tomar en tus manos para permitirle un regreso gradual al estado de despierto total. Al suplir la necesidad física del niño al inicio de su sueño y al despertarse le da confianza y consistencia, permitiéndole contemplar un mundo agradable.

- **Sueño ligero**. El niño necesita un lugar quieto y confortable para que duerma bien o de otra manera se despertará gradualmente.

- **Soñar mientras duerme**. Si el día fue caótico, lleno de gritos y conflicto, el estado de sueño así lo reflejará: con patrones interrumpidos o intermitentes de sueño. Al gozar el niño de un hogar apacible éste disfrutará sueños felices y reduce la ansiedad, permitiendo que se desarrolle la confianza.

- **Sueño profundo**. Se necesita un ambiente seguro y quieto. Solamente así ocurre un crecimiento adecuado. Si en el hogar reina el caos y si, por lo tanto, el niño no puede dormir profundamente durante las horas necesarias, pueden presentarse consecuencias físicas respecto al retraso del crecimiento y desarrollo.

Al tiempo que se solucionan los estados anteriormente mencionados, el niño empieza a sentirse seguro y amado. Esto asienta las bases sobre las cuales se puede edificar el desarrollo y luego se presenta el apego. Ahora, presentaremos qué es lo que sucede durante los siguientes meses y años.

- **Durante los primeros meses** sucede la integración: absorbiendo, procesando y separando lo que ve y escucha de aquellos que lo rodean.

- **Como a los ocho meses** se desarrolla la ansiedad ante los extraños, madura el apego y el bebé prefiere estar con aquellas personas que han participado de manera más consistente y efectiva con él que compartir momentos con los extraños ya que los extraños no se asocian de manera cercana con él o ella. Normalmente los más cercanos serán el papá, la mamá y algún hermano mayor. Este es un paso enorme, una base sólida en su desarrollo y cuando el proceso de apego realmente inicia, que permite el desarrollo específico y preferencial de la confianza.

- **De los ocho como hasta alrededor de los dieciocho meses** ocurre la maduración del apego. Esto se desarrolla hasta el punto de la separación, lo cual es otra base sólida. El niño se aventura a salir al mundo, donde tal criaturita puede separarse por un tiempo de la persona más importante de su apego. Sin embargo, esto está marcado por algo de inseguridad y ansiedad debido a la separación. El niño se separará físicamente de su mamá, jugará por un período de tiempo en un cuarto y volverá a abastecerse de la presencia de su mamá, asegurándose de que ella sigue por allí. Si esto es consistente, entonces el niño puede proceder a convertirse en una persona como tal (propia), lo cual se conoce como *«nacimiento psicológico»*.

- **De los dieciocho meses a los tres años** la personalización madura hasta tolerar tiempos más largos de separación. Durante este tiempo, el niño internaliza la foto de la persona más importante de su apego, mamá, hermano mayor o cuidador y es capaz de desarrollar un *«entorno»* de exploración interno. El niño posee una imagen interna bien arraigada de, normalmente, la mamá. El niño recurre mentalmente a esta imagen tan profunda cuando necesita calmarse y se ayuda a sí mismo a regular sus emociones, su ansiedad y su desamparo. De cierta manera, el niño puede guardar su compostura y calmarse por sí mismo ante un leve estrés, pero eso puede que no sea suficiente. Es muy posible que le sea muy difícil recordar la imagen de su mamá y por ello un objeto transitorio puede ser la solución. Puede tratarse de un peluche, una cobija o un juguete especial. Este objeto se quedará con el niño por meses o hasta alrededor de un año sirviendo como representación del objeto de apego. El objeto desaparecerá cuando el niño ya no lo necesite.

- **De los tres a los cinco años** el niño empieza a explorar más el mundo e interactuará con los niños de su edad, aprendiendo a jugar en grupo y de manera interactiva. Su comportamiento mostrará alejamiento y aproximación, poniendo así a prueba su vínculo de apego. El niño se comportará de tal manera que se distanciará de su objeto de apego para observar la reacción. Estos comportamientos están diseñados para separar al padre del niño. ¿Se manifiesta un rechazo o corrección y amor? También hay comportamientos diseñados para que tú te encariñes con el niño. ¿Funcionan? ¿Puso atención alguien? Las reacciones de los padres a estos comportamientos tan importantes le dan forma al apego para que se convierta en un apego seguro o inseguro.

- **De los cinco a los ocho años** las relaciones entre los niños de su misma edad se desarrollan con la misma secuencia de apego fuerte y luego separación para su personalización a una relación saludable. El patrón se repite por la vida. Teniendo la base en relaciones positivas con sus cuidadores principales, el niño se centrará en su desarrollo moral, con reglas de lo que es bueno o malo, participará en juegos que contengan reglas establecidas, tendrá interacciones estructuradas con sus compañeros de escuela y participará en los deportes. Si no se pone un fundamento apropiado, el desarrollo moral puede quedarse rezagado.

- **De los ocho a los once años** el niño continuará su proceso de personalización con un desarrollo más avanzado respecto a su sentido de certidumbre de sí mismo e identidad dentro de su estructura familiar y cultural. "¿Quién soy? ¿De dónde vengo?"

- Al tiempo que el desarrollo del niño progresa, sus estados de sus necesidades se tornan más complejos.

Sin embargo, la premisa básica permanece:

«El apego está basado en suplir consistentemente las necesidades básicas del infante en todos sus estados, sin causarle demasiada frustración».

REFERENCIA RÁPIDA DEL DESARROLLO Y APEGO NORMALES

Durante los primeros meses de vida hay una integración de lo que ve y escucha en aquellas personas asociadas de manera cercana.

Alrededor de los ocho meses se presenta una ansiedad ante los extraños, madura su apego y el niño prefiere sus objetos de apego.

De los ocho a los dieciocho meses habrá madurez del apego hasta el punto de separarse y causar su nacimiento psicológico, marcado por algo de inseguridad y ansiedad debido a la separación y se separará físicamente de la figura materna y luego regresará a reabastecerse de su presencia.

De los dieciocho meses a los tres años madura la personalización hasta el punto de tolerar períodos más prolongados de separación en tanto que el niño internaliza una foto de su objeto de apego y un ambiente interno que le da confianza en sí mismo y ahora se puede controlar y calmar más cuando enfrenta un poco de estrés y puede depender en un objeto transitorio.

De tres a cinco años el niño empieza a explorar más su mundo que lo rodea, empieza a interactuar con los niños de su edad, le interesan los juegos en paralelo e interactivos y puede manifestar comportamientos de alejamiento y acercamiento.

De cinco a los ocho años se desarrollan sus relaciones con los niños de su misma edad, con la misma secuencia de fuertes apegos seguidos de separación por su individualización a relaciones saludables. Teniendo como base relaciones positivas con sus cuidadores principales, el niño puede proseguir a su desarrollo moral, seguir las reglas establecidas del bien y el mal, interactúa en juegos basados en reglas, su participación con sus compañeros de escuela queda estructurada y considera apropiadamente participar en actividades deportivas.

De los ocho a los once años continúa su individualización con un desarrollo más avanzado en su sentido certero de sí mismo e identidad dentro de la estructura familiar y cultural. Su relación con los niños de su misma edad continúa, aunque tiende a las relaciones en grupo, pero todavía con una inclinación generalizada a convivir con los niños de su mismo sexo.

De los doce a los catorce años se anuncia la reelaboración del apego inicial, su aproximación con su objeto principal de apego, normalmente la mamá, pasando más tiempo, más plática, más interacción, pero únicamente por algunos meses, luego su comportamiento es de distanciamiento y aproximación culminando en más individualización.

De los catorce a los diecisiete años habrá más separación e individualización de los padres. Suceden tales actividades conocidas como ceremonias que marcan cambios en la vida y el joven obtendrá su licencia de manejo, pedirá permiso para salir con una persona del sexo opuesto y hasta obtendrá su primer empleo. Se desarrolla una conexión más estable con alguien del sexo opuesto y sus relaciones tendrán una mayor duración, pero podrían ser todavía algo inestables.

De los dieciocho a los veintiún años encontramos la marcación de una preparación para volverse independiente, que inicia con algunas de las ceremonias que marcan cambios importantes en la vida dando paso al desarrollo de interés por una carrera, una imagen propia, posible elección de su pareja de vida y el comienzo de las responsabilidades adultas. El éxito en su independencia depende de las bases establecidas durante su apego y desarrollo.

NOTAS

CAPÍTULO 5

Trastorno reactivo de apego

Cuando las cosas salen mal, no hay apego como sucedería en un desarrollo normal. Ello deriva en un conjunto característico de síntomas comúnmente conocidos como trastorno afectivo o trastorno reactivo de apego. Los criterios de diagnóstico emitidos por la Asociación Americana de Psiquiatría estipulados en *"Diagnostic and Statistical Manual of Mental Disorders"*, quinta edición (DSM-5) lo pone de la siguiente manera:

TRASTORNO REACTIVO DE APEGO 313.89 (F94.1)

A. Un patrón consistente de comportamiento retraído tanto emocional como inhibidor hacia los cuidadores adultos manifestado por ambos puntos citados a continuación:

1. Es muy raro que el niño busque confort (consuelo, alivio), cuando está angustiado.
2. Es muy raro que el niño acepte o responda al confort cuando está angustiado.

B. Un disturbio persistente tanto social como emocional, caracterizado por lo menos dos de los tres puntos siguientes:

1. Respuesta (grado de reacción) emocional y social mínima hacia los demás.
2. Afecto positivo limitado.
3. Episodios de irritabilidad, tristeza o temor inexplicables que se presentan durante momentos interactivos carentes de amenazas por parte de los cuidadores.

C. El niño ha mostrado un patrón de extrema insuficiencia de cuidado evidenciado por lo menos en uno de los siguientes puntos:

1. Abandono o abstención social mostrado por una persistente ausencia de necesidades básicas emocionales de confort, estimulación y afecto suplidos por los cuidadores adultos.
2. Reemplazos continuos de sus cuidadores primarios que limitan las oportunidades para formar un apego estable (por ejemplo, cambios frecuentes de cuidado adoptivo).
3. Crianza en ambientes inusuales que limitan severamente las oportunidades de formar un apego selectivo (por ejemplo, instituciones con una gran cantidad de niños asignados a sus cuidadores).

D. No cumple con los criterios del "Trastorno del espectro autista".

E. Disturbio presente antes de los cinco años de edad.

F. El niño presenta una edad de desarrollo de por lo menos nueve meses.

Especificar la gravedad actual: El trastorno reactivo de apego se considera o especifica como severo cuando un niño presenta todos los síntomas del trastorno, manifestándose cada síntoma a niveles relativamente altos.

Reimpreso con el permiso de *Diagnostic and Statistical Manual of Mental Disorders*, 5ª. edición. (Derechos © 2013). American Psychiatric Association. Todos los derechos reservados.

CUANDO LAS COSAS SALEN MAL

Muchas cosas pueden causar una interrupción del apego. Puede que el niño jamás lo hayan separado o alejado de sus padres biológicos. Sin embargo, en muchas de las ocasiones al niño sí se le ha separado de sus padres naturales y de su hogar inicial por una gran cantidad de razones. La severidad del trastorno depende de muchos factores.

Los padres emocionalmente distantes: Algunos padres están tan ocupados que jamás se encargan y hacen conexión o se apegan a su bebé. Puede que no pasen mucho tiempo hablándole a su hijo o interactuando de tal forma que promuevan el apego. Debido a que los padres no están disponibles, puede que el niño muestre apego a otro miembro de la familia o a su cuidador de la guardería. Esto no siempre es bueno ni sale bien.

Abuso físico: Esto da como resultado la pérdida de confianza. El niño no sabe cómo va a reaccionar el padre en una situación dada. Si en el sistema familiar imperan el enojo, la ira y el coraje, esto perturba aún más un apego seguro.

Abuso sexual. Esto depende altamente en el grado o nivel de abuso, pero tiene dos efectos: 1) traiciona la confianza y 2) una sexualización prematura, que arruina la relación padre-hijo. Es común que no haya verdadero amor y preocupación por el niño cuando hay abuso sexual y en su lugar hay un gran dolor o hasta placer que resulta confuso para el niño en pleno desarrollo. Es muy difícil que en esta situación haya confianza y apego.

Cuidadores inconsistentes: Esto puede ser el resultado de que al niño se le coloque en diferentes hogares o familias (como sucede en muchos países con las guarderías). Cada vez que al niño se le cambia y coloca en otro hogar, hay menos posibilidad de lograr un buen apego con la colocación posterior. Muchas veces hasta sucede que en la misma familia los cuidadores cambien constantemente. Esto puede ser resultado de estrés, problemas económicos, una madre que cambia constantemente de pareja o debido al padre que únicamente se involucra con el niño de vez en cuando.

Colocación fuera de la familia natural: Un niño que se envía a un orfanato, a una guardería, se da en adopción o vive en las calles, queda vulnerable a sufrir de trastornos porque es muy posible que tal criatura no tuvo la oportunidad ni siquiera de empezar o continuar su proceso de apego.

Abandono: Es muy probable que este sea uno de los pronosticadores más fuertes del trastorno. Si no se remedia, el abandono en una etapa temprana del niño es fatal. Sin las etapas de la creación de lazos unión, el niño desarrolla una falta de voluntad por vivir. El abandono subsecuente da como resultado una hambruna emocional y falta de confianza, pero el niño con esa deficiencia *«puede»* apegarse si se le provee de un ambiente de apoyo, estructurado y correctivo.

El "Trastorno afectivo o trastorno de apego", puede surgir no tan sólo en aquellos niños abandonados en las calles, sino también en algunas situaciones inesperadas. Cuando yo estudiaba y me capacitaba en psiquiatría infantil, Ellen, mi esposa, era profesora de preescolar. Ella trabajaba en una guardería de la iglesia. Esta guardería estaba ubicada en una zona de gente inmensamente rica. El vecindario que rodeaba la guardería era de casas de la élite de clase alta. Cierto día, después de su trabajo y cuando llegó a casa, me preguntó en cuanto a cuál podría ser el problema con aquellos niños que aparentemente lo tenían todo pero que mostraban en preescolar un comportamiento muy difícil de manejar. Le sugerí que por nuestra cuenta hiciéramos una pequeña labor de detectives. La instruí en cómo aplicar una prueba descriptiva (prueba psicológica que muestra la personalidad del examinado). Esta prueba era la apropiada a la edad de los niños. Consiste en dibujar una casa, un árbol y una persona. Ella la aplicó y me trajo los dibujos para que yo los evaluara. Los dibujos mostraron cosas aterradoras; más de la mitad de los niños indicaron problemas serios de apego, al igual que algunos problemas con su autoimagen. Le pregunté a mi esposa acerca de cómo veía ella la interacción de los niños con la persona que acudía al preescolar a recogerlos. Un escenario típico era que la mamá acudía por su niño, pero ni siquiera lo saludaba, sino que únicamente lo tomaba de la mano. Luego, a la salida se detenía a platicar con el director y le contaba de los planes de viaje de ella con su esposo, qué lugares visitarían y dónde cenarían esa misma noche. Mientras esta charla sucedía, la pequeña hija intentaba jalar a su mamá del brazo para tener su atención. Le decía "¡Mamá, mamá, mira lo que te hice hoy!" Pero todo esfuerzo resultaba vano. No lograba la atención deseada. Después de esto, salen ambas caminando por la puerta. Mientras Ellen, mi esposa, se dispone a salir, se percata que, en el estacionamiento, los arduos trabajos manuales de los niños, vuelan por todas partes. A ambos nos entristeció mucho esta situación. Decidimos intervenir. El director estuvo de acuerdo y dispuesto a cooperar. Al llegar la siguiente tarde y la primera mamá platicaba con el director, éste le pidió a la mamá que se pusiera en cuclillas a la altura de su niño, que le pusiera atención y le respondiera a lo que estaba diciendo. La mayoría de los padres se mostraron desconcertados por esta nueva forma de recibir a sus hijos, pero estuvieron dispuestos a hacerlo, aunque al principio les costó mucho esfuerzo conversar con sus hijos. Los comportamientos de los niños mejoraron de manera gradual y los niños compartían más en cuanto a sus padres, en vez de hablar de sus nanas o hermanos. El verdadero clímax llegó el día en que mi esposa y yo estábamos comiendo en un restaurante de comida rápida, con juegos para niños. Apenas habíamos ordenado nuestra comida cuando una mamá muy joven llegó corriendo ante Ellen y le dio un fuerte abrazo. Aparentemente se había dado cuenta quién había intervenido y logrado el cambio en la escuela. Esta esposa y mamá millonaria estaba en el área de juegos pasando un muy buen rato con su hija de cinco años, disfrutando el hecho de ser mamá y en estrecha relación con su hija.

VULNERABILIDAD DE DESARROLLO

Durante varias etapas de desarrollo, existen momentos especiales cuando el niño o hasta el adulto se encuentra más vulnerable a los efectos del trauma que en otros instantes de su vida. El trauma se puede definir tan simplemente como una separación del apego primario, normalmente de la mamá, o en situaciones más serias ya mencionadas anteriormente.

INTERRUPCIÓN TEMPRANA

Al nacer. Si al nacer separamos a un niño de su mamá, éste puede presentar depresión y sufrir momentos de irritabilidad, pero por lo general se puede recuperar bien. Mientras que el bebé tiene la habilidad y es capaz de recuperarse de esto, muchos adultos que no conocieron a su mamá intentan arduamente por encontrarla. Esto muestra que la conexión puede ser muy fuerte, incluso en el momento del nacimiento.

Del nacimiento a los siete meses. La interrupción puede resultar en fallas para prosperar, depresión, desarrollo cerebral inhibido y apego retrasado de tal forma tan severa que el niño puede mostrar una enfermedad muy grave y hasta mortal por el simple hecho de no tener satisfecha su necesidad emocional.

De siete a nueve meses. Este es un tiempo de vulnerabilidad en el desarrollo. La interrupción puede resultar en marcados retrasos en el desarrollo social y de apego, mala modulación de las emociones, irritabilidad, enojo y autocontrol.

De los nueve a los diecisiete meses. La interrupción generalmente se tolera más si se obtuvo ya un apego con el cuidador, proveyendo algo de resiliencia y habilidad para apegarse al siguiente cuidador. La interrupción que no presenta o incluye algo de trauma generalmente es manejable.

De los dieciocho meses a los tres años. Nuevamente, este es un período de mayor vulnerabilidad. Si se presenta la interrupción, esto retrasa la separación del individuo, el desarrollo de sí mismo y la internalización del objeto maternal. Si no se resuelve y fue causado por un trauma, puede resultar en una personalidad dañada y casi siempre produce los síntomas clásicos del trastorno reactivo de apego o trastorno afectivo.

De tres a seis años. Si la relación padre hijo fue estable antes de la interrupción a esta edad, la recuperación es buena si la colocación es consistente o si el niño puede ser devuelto a su hogar. Si se hubieran presentado problemas anteriores, el niño puede que siga manifestando los síntomas del trastorno reactivo de apego, al igual que deterioro de la personalidad y problemas para relacionarse socialmente, en particular un retraso en su desarrollo moral.

De los seis a los doce años. La respuesta depende de la resiliencia y trauma anterior del niño. Si en los primeros seis años todo marchó dentro de la normalidad, el trauma fue mínimo y su apego estuvo seguro, entonces hay relativamente poco riesgo durante esta etapa y es muy posible que el niño se recupere bien y regrese a su desarrollo normal. Si el niño ya quedó dañado por una vida traumática temprana, pudiera haber problemas, especialmente en su relación con los niños de su edad.

De doce a dieciocho años. En la etapa final del apego, es importante la aceptación del adolescente y la reelaboración de su apego. Si el joven no puede completar esta etapa, tal persona carecerá de la destreza necesaria para relacionarse con personas del sexo opuesto. De igual manera, mostrará deterioro para autorregularse y tendrá un pobre desarrollo de su autoestima.

TRATAMIENTO

Estructura externa. Al tiempo que progresa el apego, es necesario reforzar la estructura interna con tales actos externos como lo son un cuidado esmerado, lidiar con las consecuencias del comportamiento, fijar los horarios regulares, suplir las necesidades de manera puntual, saber lidiar con las crisis y otras. Esto es el desarrollo de las capas en la corteza cerebral.

Trato adecuado en el hogar. En ocasiones, el suministro de medicamentos ayuda en el tratamiento de algunos síntomas perturbadores. Sin embargo, hay lugares donde no es posible adquirir medicinas y por lo tanto el hogar se convierte en el único sitio de tratamiento.

Un ambiente consistente de apoyo. Es por esto que la «estructura» resulta vital. Permite la seguridad para que el apego arranque su proceso.

Respuesta del cuidador a las necesidades. En cuanto al infante, hay que proveerle y suplir todas sus necesidades consistentemente, dándole la tranquilidad de que serán suplidas todas sus necesidades;

es decir, el niño sabrá a ciencia cierta que en tal lugar "No se tiene que preocupar por su siguiente alimento".

Relaciones de confianza. El hecho de ser consistente con el niño hace que se desarrolle su confianza. Esta es la base del apego.

Redefinición de los comportamientos. El acercamiento y la evasión (distanciamiento y proximidad) pueden ser útiles para controlar la reacción del cuidador. Al analizar los comportamientos, busca indicadores de que el niño está tratando de distanciarse o de aproximarse a ti porque ambos comportamientos ocurren. En un sentido el niño está preguntando: ¿Puedo confiar en ti? ¿Te desharás de mí si soy tan malo? Si me porto bien, ¿Me querrás más? Entonces tú puedes dar una mejor respuesta a la pregunta que el niño ni siquiera sabe que está planteando.

Respuesta a las condiciones de necesidades. Responde a la pregunta que el comportamiento está planteando. Principalmente, la pregunta tiene que ver con el hecho de si en este ambiente es seguro apegarse a los cuidadores o no y la respuesta tiene que ser una de estímulo: "Aquí estás seguro y te amamos".

Auxilio en situaciones de crisis. Cuando hay trastornos de apego el niño generalmente presenta momentos de crisis cada tres meses. Para lograr la gran diferencia en la vida del infante, hay que saber aclimatar la crisis tan seria y hay que entender que proviene de la ansiedad que el niño siente al no saber si debe o no apegarse.

Auxilio para definir los diferentes sentimientos. Dentro de las fuentes de las emociones tenemos el desarrollo del enojo causado por un apego frustrado. Ayuda a que el niño defina «*toda*» la gama de sus sentimientos que afloran, no tan sólo su enojo.

Uso de procedimientos de coerción. Sujetar al niño que está lleno de ira y enojo y que no se puede controlar por sí mismo, cuando se hace de manera adecuada, puede ser de gran ayuda para su apego (checa los comentarios en cuanto a la disciplina).

Uso de contacto físico adecuado. Los abrazos, el roce físico cuando así se permite y gradualmente incrementar la duración del contacto visual sirven para incrementar el apego.

Uso de crema para las manos que permita el contacto físico. Para los niños que apenas empiezan a caminar y hasta los más grandes, lo que puede ayudar para lograr un roce físico es la aplicación de crema para las manos, asociado con palabras de ánimo y aceptación. Aunque, puede que a los hombrecitos no les guste el uso de crema.

"Mientras yo visitaba un hogar ubicado en Baja California, pasé tiempo observando el hogar de los niños que apenas daban sus primeros pasos. El cuarto de juegos estaba repleto con unos veinte niños atendidos por un solo cuidador. Cada niño estaba distraído y enfocado en su juguete o actividad. De pronto, el cuidador tomó una lata de crema para las manos y la abrió produciendo un sonido peculiar. Todos los niños entraron en un estado de alerta y respondieron inmediatamente al sonido emitido. Se apresuraron a acudir al cuidador, quien tomando a cada niño le aplicó crema y le habló con palabras tiernas de ánimo y mucho amor. Después del proceso, todo el cuarto estaba lleno de viva plática: un bullicio agradable. Los niños obtuvieron el combustible que necesitaban. La necesidad de abastecimiento emocional y conexión es tan importante, que el niño ansía atención al igual que uno ansía comida después de un ayuno prolongado".

- Dedícale tiempo individual como recompensa a la interacción humana cuando el niño muestra un comportamiento apropiado, esto en vez de siempre darle una recompensa material. Esto puede ayudar a estimular la relación. Es importante que jamás uses lo contrario, retirar tu amor, como una consecuencia negativa.
- Ayúdale al niño a tolerar roces normales, abrazos, contacto visual sin que esto sea algo a la fuerza o impuesto.
- Los niños más grandes pueden ser educados con respecto al trastorno reactivo de apego y aquello que necesiten hacer para ayudarles a progresar en su apego.
- Si el niño no se resiste, el proceso para corregir el apego puede durar hasta tres años.
- En el caso de múltiples fallas de colocación, se requiere más tiempo.

LA FARMACOLOGÍA EN EL TRATAMIENTO DE COMPORTAMIENTOS ESPECÍFICOS

Algunos lugares no cuentan con muchos de los siguientes grupos de medicamentos, pero puede que los doctores de tu área tengan otros medicamentos similares.

- **Ansiedad**: Se prefiere ISRS, tales como la fluoxetina y el citalopram o en niños más grandes la benzodiacepina.
- **Furia**. Carbamazepina, divalproex, ácido valproico y los atípicos como lo es el risperdone.
- **Comportamientos impulsivo compulsivo**. ISRSs, atípicos o posiblemente estimulantes hiperactivos.
- **Hiperactividad**. Estimulantes, incluyendo sales de metilfenidato o anfetaminas, especialmente para aquellos que son tan hiperactivos que ni siquiera ponen la atención suficiente para iniciar su proceso de apego.

  Es esencial la aplicación de medidas de comportamiento y su aplicación consistente con sus consecuencias adecuadas . . .
- Al niño se le deben enseñar los límites, ya que estos no se desarrollaron de manera natural.
- Al niño se le debe ayudar con su auto-regulación hasta que el sistema se desarrolle a través del tiempo y que el niño sea capaz de auto regularse.

CONSECUENCIAS DEL ÉXITO

Si la corrección al apego marcha o procede bien, el niño puede llegar a su vida adulta siendo una persona saludable funcional.

Un apego bien terminado puede producir:

- Un buen marco moral
- Límites interpersonales adecuados

- Un entendimiento normal y control de las emociones
- El adecuado control de la ira
- La habilidad para ver la perspectiva de los demás, entender la ansiedad en los demás y responder a las necesidades de otros
- Mostrar menos narcisismo y mostrar una actitud de cuidado por los demás
- Reciprocidad en las relaciones y buen sentido de dar y recibir
- Un buen entendimiento de lo que el amor es
- Un adecuado sentido de sí mismo
- La habilidad de ser fieles a los demás
- Disminución de la posibilidad en el abuso de sustancias
- Menos probabilidad de convertirse en un criminal

Al reflexionar en lo anterior, uno puede darse cuenta que lo opuesto sucedería en aquellos que no pudieron completar exitosamente su proceso de apego.

ASUNTOS ESPECIALES

En el proceso de desarrollo, un niño con una familia donde hay muchos hermanos, hay la posibilidad de que su apego principal sea a uno de sus hermanos más grandes. Esto casi siempre sucede así aun en familias normales donde hay más de cuatro hijos. Si los padres del niño no están haciendo su trabajo, un niño mayor fungirá como papá o mamá. En tal caso, aunque la familia tenga menos de cuatro niños, el apego podría darse con un niño mayor. Esto es importante al considerar la colocación. Si no puedes ubicar a los cinco o más niños en una sola casa hogar, es mejor colocar al más chico o a los dos más jóvenes con uno mayor para preservar el apego.

Este fenómeno también puede darse cuando los niños no están progresando en su apego dentro del hogar donde fueron asignados. Puede darse el caso que un hermano mayor no haya provisto el permiso implícito para que su hermano más chico se apegue al cuidador o de compartir ciertos secretos familiares o traumas que pudieran interferir con el desarrollo subsecuente. Cuando esto ocurre, es necesario ganarse la confianza del hermano mayor (o del que mantiene el poder en el grupo de hermanos) para facilitar el apego y gradualmente promover la idea que está bien que ellos se queden en la casa hogar y hagan conexión con los cuidadores. En ocasiones, un consejero bien informado podría auxiliar en este proceso.

NOTAS

CAPÍTULO 6

Los fundamentos respecto al manejo del comportamiento

Una razón muy común para que el hogar falle en su labor, es el surgimiento de comportamientos que van más allá de la habilidad del cuidador para solucionar. Teniendo el entendimiento básico en cuanto a los comportamientos y con algunas herramientas para abordar los retos que inevitablemente surgirán, es más posible que se tenga éxito y que tu nivel de estrés disminuya considerablemente.

El otro aspecto importante en cuanto a cómo lidiar con los comportamientos es el concepto que tiene que ver con la promoción de buenos comportamientos. Al hacerlo así, muchos de los puntos negativos se tornan menos intensos. Al mostrar nosotros mismos valores positivos, los niños los aceptarán y los llevarán a cabo. Si obramos de tal manera que intervengamos con la incorporación de valores que queremos que impacten, también eso sirve para ayudar a moldear a los niños para que se conviertan en las personas que Dios quiere que sean.

Resulta sumamente importante entender la razón del porqué surgen tales comportamientos. Si logramos ver más allá del comportamiento y miramos al niño y no definimos al niño por su comportamiento, podemos entonces perdonar los comportamientos una vez aplicadas las consecuencias y recomenzar otra vez: borrón y cuenta nueva.

"Hijos, obedezcan en el Señor a sus padres, porque esto es justo. "Honra a tu padre y a tu madre —que es el primer mandamiento con promesa—para que te vaya bien y disfrutes de una larga vida en la tierra".

Y ustedes, padres, no hagan enojar a sus hijos, sino críenlos según la disciplina e instrucción del Señor".

Efesios 6:1–4

ENTENDIENDO EL COMPORTAMIENTO

- *«Todo comportamiento tiene un propósito o razón de ser».*
- *«Normalmente intenta comunicar algo, poner a prueba algo o provocar algo».*
- *«Pudiera ser el producto de o la contribución a una enfermedad mental o trastorno de desarrollo».*
- *«Nuestra respuesta al comportamiento sirve para incrementarlo, aminorarlo o extinguirlo del todo».*
- *«Nuestras actitudes y reacciones hacia el niño sin quererlo o saberlo pueden promover comportamientos muy negativos».*
- *«Siempre debemos estar sabidos de lo que estamos haciendo, comunicando, promoviendo o extinguiendo».*

En nuestro intento por entender el comportamiento, debemos tener el concepto básico de qué es y cómo manejarlo de tal manera que estemos haciendo lo mejor para el *«niño»*. Las metas en el manejo del comportamiento son enseñar al niño lo que es adecuado y normal, ayudarle a obtener los comportamientos apropiados que van con su etapa de desarrollo, auxiliarle para adquirir moralidad y las reglas básicas de la vida y, finalmente, convertirse en un adulto cristiano productivo. No todo comportamiento es malo. Es simplemente lo que hacemos en una circunstancia en particular. Queremos promover lo bueno y acabar o aminorar lo malo para que se dé el desarrollo de un marco moral bueno. También necesitamos cuidar y no permitir que el comportamiento defina al niño sino amarlo incondicionalmente por encima de sus comportamientos. Esto requiere que nosotros practiquemos el perdonar ya que así tenemos esa capacidad como seguidores de Cristo.

Nosotros generalmente influimos en los comportamientos a través de los estímulos, aplicando algún tipo de consecuencia que pueda que promueva o desanime un comportamiento en particular. Los estímulos son de tres tipos: 1) estímulo negativo que es aquel que sirve para «*no*» estimular el comportamiento; es decir, una respuesta negativa que logre que el comportamiento pare; 2) un estímulo o refuerzo positivo, que es el que sirve para promover los comportamientos deseados; y 3) un refuerzo involuntario, que es el que hacemos sin intención, que pudiera servir ya sea para estimular o desanimar los comportamientos deseados o no deseados. Los comportamientos también se pueden extinguir si se les ignora; es decir, no prestarles atención o darles importancia. Sin embargo, esto se debe utilizar juiciosamente ya que ciertos comportamientos pueden escalar a niveles en los cuales se les tenga que aplicar ciertas consecuencias.

ESTÍMULO NEGATIVO

No permitas que la palabra «*negativo*» te dé la idea de que esto es algo contraproducente, negativo o malo. Esto simplemente quiere decir que «*no*» estamos estimulando o apoyando el comportamiento. Algunos tipos de estímulos negativos se considerarían como abuso o designados a lastimar en vez de mantener la meta de enseñar lo que es adecuado y bueno y de mantener el amor y la aceptación del niño. Por el contrario, todo es muy apropiado y útil. El estímulo o refuerzo positivo promueve el comportamiento. El uso de estímulo negativo, a pesar de ser necesario, se necesita aplicar con amor y un poco de flexibilidad para que el niño no se sienta abrumado con las consecuencias. Es muy posible que estos niños ya llegaron a tus instalaciones con mucha negatividad, con muy poco de positividad en sus vidas. Los acercamientos son para ayudar y enseñarles a los niños aquello que no deben hacer.

- **Disciplina**. La disciplina son consecuencias negativas diseñadas para enseñar y es posible que la disciplina pueda incluir algo de incomodidad o molestia y la pérdida de la libertad, pero tiene el aspecto de proveer información que promueve un comportamiento adecuado.

- **Consecuencias naturales**. Un ejemplo claro de ello es cuando se le dice a un niño que no debe correr sobre la grava suelta porque se puede lastimar. Sin embargo, el niño lo hace y en consecuencia se lastima. En ocasiones, esto, más unas palabras asociadas con las consecuencias naturales, aunado al comportamiento, pudieran ser suficientes para aprender la lección.

- **Corrección verbal**. Aplicada de manera correcta, la corrección verbal puede impactar de buena manera. Las palabras que son muy duras, en letanía o dichas por alguien que ha perdido la compostura pueden tener un impacto contrario al que se quiere lograr, promoviendo el comportamiento indeseado.

- **Retiro del afecto (emoción, un aspecto positivo, amor)**. Esto ocurre cuando el niño recibe el mensaje que, por su comportamiento, el cuidador ya no cuidará de él: ya no le tiene amor ni lo quiere. En especial con el niño de poco apego, esto fortalece su creencia de que nadie se preocupa por él. Es una consecuencia negativa que no produce nada positivo. Debemos evitar expresar cualquier cosa que el niño puede interpretar como indicador que nuestro amor está condicionado.

- **Castigo**. Comúnmente resulta que el castigo no está diseñado para enseñar, sino que se da el caso que consiste en infligir dolor físico o aislar a alguien en un espacio confinado por un tiempo, como son la cárcel o un lugar de detención. Este acercamiento es más el de un amor duro que se necesita ejercer porque ninguna otra consecuencia funciona. Sin embargo, se debe ejercer con amor y no con enojo.

- **Tiempo fuera o tiempo muerto**. Esto tiene que ver con un tiempo fuera de o sin prestar atención. Esto puede ser muy efectivo si se aplica de manera adecuada para los comportamientos definidos.

PROCEDIMIENTO DE TIEMPO FUERA O MUERTO

- Defina algunos comportamientos que ameriten este tipo de acción, como son el desafío o rebeldía, ser respondón, la desobediencia, provocar peleas y demás.
- Designe una esquina de un cuarto solitario y prepare una silla donde el niño se va a sentar durante el tiempo fuera, y trate de usar consistentemente el mismo lugar.
- Explíquele al niño en qué consiste este proceso. Es mejor hacer esto cuando el niño no responde a un comportamiento deseado. "Vamos a hacer esto y a repetirlo cuando [defina los comportamientos indeseados] y lo haremos de la siguiente manera".
- Siempre utilice el mismo proceso, aunque parezca muy repetitivo.
- Cuando se vea el comportamiento, le dices al niño: "Hiciste lo que te pedimos que no hicieras y por esto vas a ir a lo que conocemos como tiempo fuera". No es necesario decir algo más. Ignora las protestas del niño; no respondas nada en lo absoluto: la ley del hielo.
- Si el niño no quiere sentarse por voluntad propia, condúcelo a la silla. Si se rehúsa, habrá nuevas consecuencias que él tendrá que enfrentar.
- Ponle un minuto por año del niño. Por ejemplo, un niño de tres años estará sentado tres minutos. Este método por lo general carece de utilidad con los niños mayores a diez años.
- Una vez que el niño ya está sentado y quietecito, usa un cronómetro, reloj de cocina o reloj normal para tomar el

tiempo del castigo. Si el niño protesta o empieza a hablar, simplemente reinicia la toma del tiempo sin decir palabra. El tiempo termina cuando el niño ha permanecido sentado por el tiempo marcado.

- Deja en libertad al niño al final del tiempo designado. Si no hay nada que arreglar o limpiar como consecuencia causada por esta acción, simplemente expresa dos o tres palabras respecto a que el niño debe mejorar su comportamiento y déjalo que se vaya. No debe haber más discusión siendo que el niño ya ha cumplido con la consecuencia.

RESTRICCIÓN

La restricción queda reservada para cuando el comportamiento es muy violento o destructivo y el niño está totalmente fuera de control. Con los niños más chicos, cuando se aplica de manera adecuada, la restricción puede auxiliar a disminuir una furia relacionada con el apego y con un sentido de pérdida de control.

PROCEDIMIENTO DE LA RESTRICCIÓN

- Usa el procedimiento que te enseñaron. La mayoría de los hogares que enfrentan problemas de apego ya tienen un procedimiento claro acordado y aceptado por el gobierno local. Asegúrate de seguirlo al pie de la letra para evitar cualquier situación de abuso.
- Define el comportamiento que requiere este tipo de acción, normalmente serían los casos de interrupción, desobediencia, golpear a alguien, patear a alguien, berrinches y manifestaciones de cólera tanto verbales como físicas.
- Intenta negociar antes de llevar a cabo el proceso. Si no hay resultados positivos, cierra la boca y procede con la

restricción y háblales únicamente a aquellas personas que te están ayudando en el proceso.

- Mantén el proceso hasta que el niño se calme totalmente.
- Una vez que el niño se haya calmado, entonces lo puedes enfrentar cara a cara y ofrécele palabras de aliento y pregúntale si desea platicar. Si no desea hablar, el proceso ha terminado. No uses palabras de más porque destruirán el proceso.
- Una vez puesto en libertad, el niño puede recoger los pedazos de cualquier objeto que se haya roto.

PÉRDIDA DE PRIVILEGIOS

Este proceso tiene que ver con la pérdida de privilegios previamente establecidos y que son muy importantes para el niño. Esto se hace para moldear un comportamiento identificado para que pase a ser algo más apropiado o adecuado.

PROCESO DE PÉRDIDA DE PRIVILEGIOS

- Dentro de la estructura familiar, debe haber privilegios que pueden ser obtenidos o que se pueden perder dependiendo de los comportamientos.
- El niño puede perder uno o varios privilegios a la vez.
- Decide en qué tipos de comportamientos aplicarás este proceso.
- Investiga qué privilegio es importante para el niño.
- Decide la cantidad específica de tiempo razonable y que esté plenamente clara y entendible para ambas partes.
- Dentro de la pérdida de privilegios puede haber ofrecimientos para que el niño reduzca su tiempo de castigo, como pueden ser labores o encargos especiales: debes ser creativo.

- Podrías no contarle al niño de la reducción del castigo y presentárselo como sorpresa cuando éste ya hubiese cumplido con parte de su castigo y su comportamiento ya hubiera mejorado. Esto lo presenta como algo más positivo. La consecuencia de sus actos puede que representen catorce días de pérdida de privilegios, pero al término exitoso de diez días le podrías comunicar al niño que ha hecho las cosas bien y si lo logra un día más entonces terminará el castigo conocido como pérdida de privilegios o si ciertas tareas encargadas son realizadas pues entonces el niño queda libre.

ESTÍMULO POSITIVO

Para poder mantener un ambiente saludable en el hogar, resulta importante concentrarse en el uso de acercamientos positivos en lo más posible pero no hay que descuidar o abandonar las consecuencias relacionadas con los estímulos negativos, especialmente para aquellos momentos en que se hace necesario el cambio de rumbo de aquellos comportamientos indeseados. Todo, absolutamente todo, hay que hacerlo en amor, siguiendo las pautas encontradas en las Escrituras:

"Padres, no exasperen a sus hijos, no sea que se desanimen"
(Colosenses 3:21).

PRINCIPIOS BÁSICOS

Los acercamientos positivos, cuando se aplican adecuadamente, es lo más potente para promover un cambio de comportamiento. Sin embargo, debemos tener cuidado con aquellos niños que provienen de pasados negativos. Nos estamos refiriendo a aquellos niños que han vivido con abuso físico, abuso verbal que constantemente los denigraba, jamás pudiendo agradar al padre alcohólico, aquellos niños más pequeños viviendo en la calle y que jamás agradaron a los niños más grandes porque no tenían la jerarquía de los demás. Esta clase de niños normalmente son muy sensibles a los estímulos positivos. Inicialmente, la dosis no puede ser muy alta. Pon atención en el valor y poder de tus palabras (checa a continuación la parte que tiene que ver con los elogios). Un niño con este pasado pudiera finalmente haber hecho algo bien, así que el cuidador lo elogia con palabras de mucho valor, pero después el cuidador halla al niño en su cuarto destrozado y llorando amargamente tirado en la cama. Esto se debió a que recibió una sobredosis de estímulos positivos y no lo soportó.

Otra regla en el uso de estímulos positivos, es el valor o poder de las recompensas no verbales. No queremos proveer una recompensa con un alto valor para un simple comportamiento positivo pequeño. Necesitamos considerar y evaluar cuidadosamente el valor de la recompensa, al igual que las palabras de elogio, para que al igual que con los estímulos negativos, sea algo apropiado al nivel del buen comportamiento.

ACERCAMIENTOS DE ESTÍMULOS POSITIVOS

- **Recompensas**. Para aquellos niños que están aprendiendo a apegarse, las recompensas más importantes tienen que ver con componentes humanos. A pesar de ello, las recompensas materiales son poderosas para hacer notar que el niño hizo algo extremadamente bien, los comportamientos adecuados o haber hecho algo de una manera especialmente bien o bien pensado e intencionado.
- **Privilegios especiales**. Escoge un privilegio fuera de lo ordinario, tal vez haber obtenido un logro muy especial o haber sobresalido en alguna tarea escolar. El privilegio puede ser tales cosas como irse a dormir más tarde porque al día siguiente no hay clases o pasar la noche o tiempo con algunos amigos fuera de las instalaciones de la casa hogar. Muestra nuevamente tu creatividad a este respecto.

- **Elogios**. Los elogios por haber hecho algo muy bien, se presentan de distintas maneras para fortalecer o agregar valor. Si decimos: "Buen trabajo" o "Un trabajo bien hecho", es algo positivo pero, de bajo valor. Algo de más valor sería elogiar con: "Muy bien". Si empleamos el término: "Excelente", le estamos agregando más valor. Sin embargo, las palabras "Fantástico", "Increíble" o "Maravilloso", son términos reservados para ocasiones muy especiales, lo máximo para aquellos jóvenes o niños que pueden tolerar elogios de gran valor; es decir, para niños que no mostrarán efectos colaterales como lo son la ansiedad, sobre abrumarse, involucrarse en comportamientos destructivos o que montan en cólera.

- **Dinero en efectivo**. Hay muchas culturas donde se acostumbra darles a los niños dinero en efectivo los domingos. Esto es una recompensa semanal que puede ayudar al niño a aprender y familiarizarse con el uso del dinero. De esta manera el cuidador del niño también tiene la oportunidad de quitarle esto al niño si su comportamiento es malo y así lo justifica. De igual manera, el cuidador también puede darle al niño la oportunidad de obtener más dinero como recompensa a un comportamiento justificablemente bueno. La cantidad puede ser pequeña pero suficiente que le permita al niño comprarse algo personal, barato cuando vaya a la tienda. Algunas casas hogares no tienen la capacidad para ofrecer esto, pero tú puedes implementar un sistema de puntos para cuando necesites ofrecer una recompensa o haya un momento especial.

- **Pasar tiempo especial con aquellas personas de crianza**. Esta puede ser una recompensa sumamente poderosa, especialmente si el niño ha sufrido rechazo. Puede ser una simple salida a la tienda o a comprar helado, pero puede llegar a ser algo tan grato como salir a comer o al cine, dependiendo del comportamiento que está siendo recompensado.

- **Siendo testigos de un buen comportamiento**. Esto toma un poco de energía, pero resulta muy poderoso. Durante el día notas que dos niños juegan muy bien juntos, compartiendo o finalmente llevándose bien por primera vez. Te les puedes acercar, hacer un mínimo contacto visual, poner tus manos en los hombros de ambos niños y simplemente recompensarlos positivamente con unas palabras: "Me encanta como están jugando hoy" o "Aprecio que se estén llevando muy bien". Estas frases logran una conexión muy positiva entre el niño y el cuidador, ya que les estás mostrando tu aprecio. Unas cuantas palabras de afecto también vendrían muy bien: "Estamos tan felices de que llegaran a vivir aquí" o "Nos encanta tenerte en nuestra familia". No queremos exagerar o sobre excedernos, pero el hecho de atestiguar momentos como estos es muy poderoso.

- **Tabla de marcas**. Este sistema funciona bien con niños pequeños de entre cuatro a tal vez diez u once años o, si son niños de lento desarrollo, tal vez más grandes. La tabla contendrá los días de la semana en la primera hilera y en la primera columna tendrá los comportamientos que se deben alentar o desanimar. Se coloca una marca en el día en que se logre el comportamiento deseado. Al llegar a ganarse cierta cantidad de estrellas, se recompensará con algo de poco valor, pero esto aumentará de valor al tiempo que aumente la cantidad de marcas. Cuando un comportamiento no deseado ya no represente un problema, se quita del listado para darle paso a otro problema de comportamiento o algún comportamiento que se desea lograr. (Checa la tabla que se presenta como ejemplo). Este tipo de tablas es fácil de crear en la computadora o a mano. Las marcas se pueden dibujar o usar figuras o etiquetas que se pegan. Si es posible, que el niño mismo sea quien coloque la figura o marca en el lugar indicado.

	Lunes	Martes	Miércoles	Jueves	Viernes	Sábado	Domingo
No contestar mal	•		•				
Limpiar cuarto		•					
No pelear		•				•	
No interrumpir							

TAREAS ESPECIALES

Las asignaciones especiales pueden dar como resultado algo positivo o negativo, pero preferimos reforzar una nota positiva. Al tiempo que los niños crecen y por lo tanto pueden involucrarse en actividades más grandes, hay ocasiones que resulta de gran ayuda asignarles ciertas tareas. Esto puede ser para reducirles su castigo de pérdida de privilegios y debido a una consecuencia resultado de algo distinto. Nuevamente, resulta sumamente importante que el "Castigo sea acorde al mal hecho" y que paremos a pensar antes de aplicar el castigo para no errar; es decir, las consecuencias al mal deben ser razonables, no en base a nuestro enojo o frustración. En tanto que sea posible, trata de que esta situación derive en algo positivo, hasta divertido, una experiencia de aprendizajes juntos, y que promueva la discusión.

- **Asignación de escribir algo**. Esto funciona mejor cuando se le pide al niño escribir algo relacionado al comportamiento en cuestión. Una destreza o habilidad cognitiva que los niños no tienen se conoce como «*ver con antelación*» o anticipación; es decir, ser capaces de percibir anticipadamente las consecuencias potenciales de un comportamiento. Asígnale al niño que escriba algo relacionado y pensado en lo que hizo. Por ejemplo, si el niño quiso huir de la casa hogar, asígnale que escriba en lo que habría pasado si él hubiera tenido éxito, a dónde iría, qué haría una vez estando en la calle, dónde y cómo dormiría y lo que extrañaría. Podría ser un escrito muy corto, pero con el objetivo de ver en *«qué si o qué pasaría si»*. Una vez terminado el escrito, se analizaría con él para ayudarle en su entendimiento de las cosas. Esto puede ayudar mucho pero el niño debe tener habilidades adecuadas para escribir.

- **Volver a escribir**. Muchos lugares acostumbran esto, pero en ocasiones lo usan demasiado. Pueda que esto ayude a aquellos niños opuestos y de difícil acceso que necesitan más de acercamientos negativos que de otra cosa. La cantidad de oraciones a escribir debe ser una cantidad razonable y debe ser algo que el niño es capaz de lograr. Se debe evitar escribir repetitivamente acerca de las Escrituras; sin embargo, los niños más grandes puede que respondan investigando acerca de un tema bíblico en particular relacionado con el comportamiento. Puede resultar que esto sea muy bueno y el niño haga una especie de reporte de ello. La mayoría de las biblias tienen una sección con referencias y el niño la puede usar para investigar cierto tema o palabra. Esto sirve de mucho cuando no hay acceso a Internet. Si se fuerza a que un niño escriba versículo tras versículo puede desarrollar un profundo rechazo a la Biblia y esto no cumple con la meta del ministerio. No olvidemos que esto cabe dentro de la categoría de refuerzos o estímulos positivos y lo que debe lograr es que sea una experiencia positiva y promover comportamientos deseados. Pero, también se puede considerar un estímulo negativo que efectivamente ayude a parar comportamientos indeseados.

REFUERZO INVOLUNTARIO

En ocasiones, sin darse cuenta, involuntariamente reforzamos un comportamiento negativo o indeseado y esto es causado por nuestras reacciones. Es por ello que resulta sumamente importante estar conscientes de cómo reaccionamos a los comportamientos.

- **Reacciones no adecuadas de los padres**. Puede que un cuidador no reaccione ante un comportamiento dado o que reaccione de manera no propia manifestando humor y no lo toma en serio. Hay comportamientos que no importan y hay mucho de sanidad riendo junto con el niño. Pero si es un comportamiento que va en contra de las reglas del hogar, los estándares morales, la buena educación y aspectos positivos de los demás, debemos reaccionar de manera adecuada. Nuestra reacción a tiempo es un factor determinante en lo que pasará la próxima vez que esto se repita.
- **Inconsistencia en la disciplina**. Tal vez la última vez que algo así pasó en cuanto a un comportamiento similar, la consecuencia fue menor o más grande que en esta ocasión. Muchos pre-adolescentes, especialmente los carentes o con poco apego, tienen un sentido sobreevaluado de la justicia, así que toma esto en cuenta.
- **Aprobación tácita**. Algo ocurre y por lo cual nos reímos o lo ignoramos, pero transmitimos el mensaje de que este comportamiento está bien con este cuidador.

Todo ser humano, hasta los cuidadores adultos comete errores; así que resulta sumamente importante que si reaccionamos de una manera no adecuada ante un comportamiento pues lo reconozcamos y aceptemos nuestra responsabilidad. Tenemos que disculparnos con el niño, para enmendar nuestro propio error y tenemos que ser claros con el niño en que también nosotros nos equivocamos. Una actitud humilde respecto a que estamos dispuestos a aprender nos lleva lejos en cuanto a continuar con un ministerio tan retador como lo es éste.

CONSIDERACIONES ESPECIALES

La mayoría de las técnicas mencionadas con anterioridad resultan de gran ayuda para la mayoría de los niños que necesitan cuidado. Sin embargo, hay ocasiones en que los cuidadores no saben qué sucede y por qué. Así que, si eso sucede necesitamos tener un proceso de reflexión que nos conduzca a una respuesta adecuada para ayudar al niño. ¿Qué debemos hacer cuando los acercamientos normales no funcionan, particularmente en los siguientes casos?

- El comportamiento se torna en amenaza
- Comportamientos repetitivos que no responden a las medidas dadas
- Comportamientos raros e inusuales
- Cambios repentinos en el comportamiento

En estos casos necesitamos definir y analizar los comportamientos para diseñar un acercamiento adecuado.

ANALIZANDO EL COMPORTAMIENTO

- **Definición del comportamiento**. Ayuda mucho tener un vocabulario apropiado que defina el comportamiento y así poder expresarlo o comunicarlo. Esto logra que nos demos una mejor idea de qué es lo que sucede en su interior o centro.
- **Tipo de comportamiento**. El comportamiento puede ser colocado dentro de una categoría para ayudar a entenderlo.
- **Intensidad**. ¿Qué tan severo es el comportamiento?
- **Frecuencia**. ¿Qué tan seguido ocurre el comportamiento?
- **Contexto de la situación**. ¿Qué está sucediendo cuando el comportamiento ocurre? ¿Es durante la hora de la comida, a la hora de dormirse, al levantarse por la mañana, al alistarse para ir a la escuela, antes del devocional o ir a la

iglesia, cuando el niño está rodeado de algunos compañeros de la misma edad, o de los cuidadores o en otro momento?

- **Diagnóstico de alguna enfermedad o trastorno mental.** ¿Existen señales de problemas serios respecto a su salud mental, como son cambios bruscos en su estado de ánimo, alucinaciones, depresión o ansiedad?

- **Historial de trauma.** Es necesario contar con el «*historial*» de cada niño en un lugar especial. Necesitamos saber qué tipo de trauma ha vivido el niño, su duración, su severidad y su reacción. (Checa la sección concerniente a Entendiendo los traumas de la infancia).

- **Comportamientos y síntomas previos.** ¿Ha sido éste o cualquier otro comportamiento similar un problema en el pasado?

DEFINICIONES DE COMPORTAMIENTO

- **Agresión verbal o física.** Es el ataque físico o amenaza verbal hacia el personal que labora en la casa hogar o hacia otras personas.

- **Furia.** Episodios físicos o verbales de descarga severa de ira, fuera de control, que pudiera ser con manifestaciones de gritos e insultos o tan severo que tenga que ver con daño a las propiedades y lastimando a otros.

- **Pelea / discusión.** Ser el propiciador e iniciador de conflictos físicos o verbales, creando caos en la casa hogar.

- **Morder.** Morder a otros o a sí mismo, pero esto se da sin enojo o ira.

- **Violaciones de los límites.** Entrar a los cuartos de los demás sin permiso o donde no le está permitido, interrumpir, mandando a los demás, intentando controlar el hogar.

- **Conductas desafiantes y de oposición.** Básicamente, hacer lo opuesto a lo que se le pide, actuar de manera pasiva agresiva, verbalmente estar de acuerdo con una petición, pero luego se sienta y no hace nada; son comunes la irritabilidad y el enojo.

- **Mentir**. La mentira resulta algo común, no contar la historia verdadera de un suceso, la historia cambia cada vez que la cuenta, y así por lo común; la mayoría de los cuidadores aminoran las consecuencias una vez que el niño dice la verdad de lo que hizo: generalmente esto se considera apropiado.

- **Robar**. El niño puede que esté robando a sus compañeros, al personal, en la escuela o en la comunidad.

- **Desobedecer**. Normalmente la desobediencia se da como consecuencia cuando no se logra obtener confianza, asociada con comportamientos de conductas desafiantes o de oposición.

- **Huir**. Se necesita saber si se huye «*de*» la casa o «*debido*» *a* algo fuera de la casa, con frecuencia debido a una crisis de apego.

- **Amenazas de suicidio**. Esto tiene que ver con declaraciones de que el niño quiere terminar con su vida, no quiere despertar mañana o de que Dios haría bien en llevárselo al cielo ahora hasta tener planes definidos de cómo lograr suicidarse; se debe evaluar cuidadosamente: hay diferentes niveles de amenazas, las cuales requieren distintos niveles de vigilancia (checa el capítulo 7, La lucha espiritual).

- **Eliminación inapropiada**. Orinar o defecar en lugares no propios para ello o colocar excremento u orín donde no se debe. Esto incluye que el niño se pinte los dedos con excremento, lo cual está asociado con el abandono y un apego deficiente.

- **Cortarse a sí mismo, rasguñarse, desdibujarse**. Esto se puede tornar en una adicción y muy problemático. El hecho de usar un borrador parece estar particularmente asociado con un deseo de no estar presente; a esta altura se deben evaluar los pensamientos de suicidio; evalúa cuánto se arañó, rascó o cortó el niño y ¿Qué tan profundo por si requiera ayuda médica? Cortarse no siempre quiere decir que el niño tenga deseos de suicidarse. Habrá ocasiones en que el cerebro del niño responda o se comporte como si hubiera recibido una dosis de narcótico, lo cual causa un adormecimiento temporal que retrasa el dolor agudo. Esto se puede tornar en algo adictivo.

- **Llanto**. Esto puede ser una señal de depresión o usado para manipular, algo que posiblemente funcionó bien en el pasado.
- **Miedo**. Defina los miedos o temores que afloran en una situación en particular; es común que los miedos se relacionen con el trauma o provenientes de un alto nivel de ansiedad.
- **Pánico**. Es un alto nivel de ansiedad asociado con, en ocasiones, pensamientos suicidas, querer escapar; se pueden deber a traumas o trastornos de ansiedad; el pánico se presenta en sesiones de ataques que pueden durar hasta varias horas y son muy incómodos, lo cual es más un asunto médico que de comportamiento, pero se debe definir.
- **Gritos.** Los gritos pudieran ser para manipular, ser parte de una reacción traumática o resultado de un trastorno de desarrollo; considera el contexto y las recompensas que se pueden suministrar.
- **Hablar de sexo**. El hecho de hablar de sexo o temas sexuales en público, con los compañeros, es señal de que el niño está pensando en esto mucho tiempo; si el niño proviene de la calle es parte de su vocabulario, pero se debe solucionar: el historial de sus traumas resulta importante.
- **Amenazas sexuales**. Esto es algo más serio, pero sigue siendo algo verbal, generalmente será algo que los compañeros reportarán o se les debe animar a que lo reporten.
- **Actividad sexual**. Defina el nivel de actividad y el contexto: qué, dónde, cuándo, cómo; la casa hogar debe decidir si es capaz de mantener a este niño libre de problemas o mantener a los demás a salvo de esta actividad y a salvo de este niño.

- **Respondón**. Esta es una falta de respeto, dirigirse a los adultos de tal manera que el niño es quien tiene el control.
- **Destrucción de propiedad**. Daños a propiedad, pero sin estar relacionado a ataques de ira o enojo. Pueden ser sus propias pertenencias o las de otros, lo cual también es una violación a los límites.
- **Comer artículos que no son alimentos**. Esto también se conoce como «*pica*» o «*malacia*». Está relacionado con deficiencia de vitaminas. Necesita evaluación médica; también pudiera considerarse un comportamiento desafiante después de analizar el contexto.
- **Acaparamiento de alimentos (u otro artículo)**. Es el hecho de llevarse las sobras de comida, comida de un platillo o robando de la cocina para almacenar en su cuarto.
- **Otros comportamientos**. Los niños son materia dispuesta para salir con comportamientos diferentes o nuevos; dale un nombre a ese nuevo comportamiento para que los demás entiendan a lo que te refieres.

CONTEXTO

- ¿Hubo factores que lo provocaron? Esta es una pregunta que puede arrojar luz al porqué del comportamiento y de cómo éste se puede relacionar a la circunstancia.
- ¿Quién, dónde, qué, cuándo y cómo? Investiga todo el panorama cuando puedas, considerando el momento y la secuencia de los acontecimientos.
- ¿Fue provocador el acercamiento del cuidador? Examina la posibilidad de que el interrogado haya hecho o dicho algo que pudo haber provocado el incidente. Se necesita permanecer humilde y dispuesto a aprender de los propios errores, haciéndolo más fácil para en ocasiones averiguar bien las cosas.

- ¿Fue diferente el acercamiento del cuidador? Si algo cambió fundamentalmente la forma en que se le acercó al niño, esto pudo haber ayudado a empeorar las cosas.
- ¿Fueron las consecuencias de comportamientos previos las que provocaron el problema? A pesar de si las consecuencias no hayan sido llevadas a extremos, puede que las reacciones sí lo hayan sido. Puede que se tenga que modificar el siguiente acercamiento para ayudar a que no se provoquen más problemas. (Un ejemplo pudiera ser el de una niña a quien se abusa en demasía por un comportamiento indeseado, que provoca la reacción del cuidador de gritarle. El cuidador, sin conocer esta parte del pasado de la niña, no sabe que así es la forma cómo ella era tratada por su padrastro antes de ser golpeada y violada).
- ¿Sigue reaccionando el niño como lo hacía antes? Puede que sea tiempo de cambiar de acercamiento, ya que algo no está funcionando.

ANÁLISIS DE LA CAUSA DE RAÍZ

¡Suena complicado y técnico, pero lo puedes lograr! Esto se trata de usar las herramientas que estás aprendiendo en este manual para reflexionar en lo que está pasando para que puedas diseñar un acercamiento mejor. Muchas veces, ayuda si encontramos el «*porqué*». Cuando entendemos el porqué, (como en el ejemplo que acabamos de dar), el comportamiento puede cambiar para lidiar mejor con la situación.

- Los comportamientos que no están siendo solucionados con acercamientos o consecuencias habituales requieren de más reflexión y se pueden beneficiar de un análisis de la causa de raíz.
- El análisis de la causa de raíz es un procedimiento en el cual analizamos el comportamiento en términos del tipo

de comportamiento, contexto y probables factores que lo causaron.

- Con base en estos factores, estamos en una mejor posición de diseñar un acercamiento más informado para tratar el comportamiento o síntoma.
- Es mejor emprender este análisis con el apoyo de otros miembros del personal para contar con más capacidad y poder mental, poder de consulta y resolución en conjunto.

DIAGNÓSTICOS Y COMPORTAMIENTOS

- Los niños que están a nuestro cuidado se encuentran en un alto riesgo de sufrir una enfermedad mental o de desarrollar un trastorno que puede afectar sus comportamientos y ajustes.
- Cada trastorno tiene sus propios síntomas y comportamientos derivados.
- Algunas de las consecuencias que aplicamos a los comportamientos pudieran en verdad hacer más graves ciertos tipos de comportamientos.
- El hecho de entender los diagnósticos precisos, comportamientos relacionados y los acercamientos más apropiados pueden servir para lidiar mejor con las necesidades de un niño en particular.

EL TRASTORNO DE ESTRÉS POSTRAUMÁTICO

- Los detonantes de esto se definen como suspiros, olfatear, tono de voz, sonidos, lugares o sensaciones tales como son el roce que están relacionados con un trauma anterior y sirven para volver a recordar o retroceder al pasado respecto al trauma; es decir, el niño sufre un recuerdo traumático. Estos pueden inesperadamente llevar a agresión repentina, huir, comportamiento de oposición o reacciones raras.

- Los miedos específicos provocados por los detonantes pueden causar evasión interpretado como comportamiento de oposición.

- Los instantes de retroceder al pasado son recreaciones audiovisuales vívidas de un trauma anterior. Pueden ocurrir debido a la exposición a un detonante ya mencionado. Estos instantes pueden causar muchos tipos de reacción, que se pudieran interpretar como mal comportamiento: gritar, vociferar, pánico, evasión, miedo o temor a ciertas personas o lugares, pasmarse ante ciertas situaciones, lloro, asumir una posición fetal o esconderse.

- Los comportamientos sexualizados pueden surgir de algunos detonantes o por interacciones normales con los compañeros. Esto se detalla más en el capítulo 11, Abuso sexual y niños sexualizados.

- Si un niño es hipersensible a algunos tipos de roce o abrazos, debes conocer los detalles y circunstancias que rodean a ese niño en particular, de lo que puede o no tolerar, y, en consecuencia, modera tu comportamiento.

- Si un niño realmente sufre un trauma severo, puede presentar episodios de disociación en los cuales el niño verdaderamente no puede recordar lo que pasó durante el comportamiento. Esto lo detona un recuerdo traumático, normalmente provocado por un acontecimiento que le recuerda ese trauma. Hay más información de esto en el capítulo 10, Entendiendo el trauma de la niñez.

TRASTORNO BIPOLAR

Este es un trastorno del estado de ánimo en el cual el ánimo se torna cíclico donde los estados de ánimo varían de alto a bajo, ya que el cerebro es incapaz de mantener estable el ánimo. Los ánimos maníacos pueden deberse a una energía alta, hiperactiva, demasiado feliz, irritable, enojado o paranoico. Los ánimos depresivos pueden ser estados de baja energía, tristeza, apático o irritable.

- El comportamiento maníaco puede ser impulsivo, hiperactivo e intenso pero el niño no es capaz de controlarlo.
- El comportamiento depresivo puede incluir resistencia, comportamiento de oposición, declaraciones negativas de sí mismo, comportamiento suicida o cortarse.
- Los cambios rápidos de ánimo o humor pueden servir para producir irritabilidad y furia, tanto física como verbal.

TRASTORNOS DE ANSIEDAD

- **Comportamientos obsesivos compulsivos**. Las obsesiones son pensamientos o preocupaciones indeseables recurrentes. Las compulsiones son comportamientos que tratan de deshacer las obsesiones. Si existe la preocupación por las bacterias, la compulsión lo que hará es intentar esforzarse en demasía por limpiar el medio ambiente o lavarse uno mismo.
- **Pánico**. Este es un ataque repentino de ansiedad severa, incrementa el ritmo cardíaco, sudor, miedo intenso, posiblemente acompañado de pensamientos suicidas. Es importante no confundir esto con comportamientos negativos. Este es una angustia real y es algo muy incómodo.
- **Evasión**. El niño va a querer evitar lugares o multitudes debido a un alto nivel de ansiedad.
- **Irritabilidad**. El niño se altera o se molesta fácilmente cuando se le demandan cosas, esto porque no es capaz de lidiar de manera natural con el estrés. Asegúrate de no pedir demasiado de tal forma que abrume al niño y en verdad provocarle este comportamiento.
- **Intolerancia al cambio**. El cambio de circunstancias o rutinas le puede causar resistencia e incomodidad al niño. El niño debe recibir pequeñas advertencias de que vendrán acontecimientos importantes o que van a cambiar las cosas.

SÍNDROME DE ASPERGER (TRASTORNO DEL ESPECTRO AUTISTA)

- **Intolerancia al cambio**. Estos niños están cargando un nivel de ansiedad muy alto y se desempeñan muy mal cuando se les cambia sus rutinas. Los cambios los pueden llevar al pánico o a desplomarse, incluyendo la ira, llorar o la pérdida de cualquier control emocional.

- **Obsesión**. El niño tiende a aferrarse a ciertas cosas de tal manera que excluye todo lo demás. Los intentos por cambiar ese comportamiento, puede toparse con la resistencia, un comportamiento de oposición, agresión o el desplomo. Mientras aprendes cómo se conduce este niño, encontrarás maneras de tratarlo para evitar su desplome, haciéndole la vida más llevadera y mucho mejor.

- **Intereses intensos**. Es común que el niño tenga un pasatiempo o interés académico que excluye todo lo demás, convirtiéndose en alguien, así como el experto en la materia. Le ayuda si se le permite compartir este interés de vez en cuando, con sus límites.

- **Intolerancia a ciertos alimentos, materiales, situaciones**. El niño puede manifestar una hipersensibilidad táctil; es decir, no le gusta que lo toquen, evita ciertos tipos de telas y le molestan las texturas de ciertos alimentos.

- **Reacción extrema a ruidos, confusión**. Algunos pueden mostrar una hipersensibilidad auditiva, que está a una frecuencia mucho mayor que la mayoría de nosotros. Esto puede llevar al niño a reaccionar de mala manera en una tienda o ante las multitudes. Nuevamente, es importante conocer al niño. ¿Por qué se comporta así? Muchas de estas características son más severas cuando el niño no se ha apegado, y muchas bajan de intensidad con la maduración del niño.

- **Temores irracionales**. Esto pudiera proceder de las obsesiones o de una fantasía en la vida.

- **Discurso impulsivo**. El niño pudiera expresar lo que siente sin tomar en cuenta la situación o de que pudiera ser algo inadecuado.
- **Hipersensibilidad al tacto**. Algunos niños no toleran ser abrazados o que se les ponga la mano en los hombros, pero se pueden adaptar gradualmente.

TRASTORNO REACTIVO DE APEGO

- **Acaparamiento de alimentos u otros objetos**. Los niños abandonados o descuidados, por temor a no tener suficiente comida, robarán y almacenarán alimentos. Acércate a *«esto de manera amable y apoyo»* asegurándole al niño que hay suficiente comida y que será atendido adecuadamente.
- **Robo**. No hay un sentido de propiedad que venga con el desarrollo normal. Con paciencia, lo enseñamos. Sin embargo, este comportamiento debe sufrir sus consecuencias derivadas.
- **Furia**. El furor normalmente es físico o verbal, comúnmente presentándose junto con la esperada crisis de apego, y sería muy bueno ayudar mediante el apego. Normalmente se direcciona la rabia hacia la mamá porque en el subconsciente del niño existe la idea de que fue ella quien lo traicionó. Checa el capítulo 5, Trastorno reactivo de apego.
- **Temor a la intimidad**. Este es el resultado de sobre reaccionar ante situaciones que le recuerdan al niño de las relaciones familiares o personas de la familia que lo traicionaron, muy comúnmente la mamá. Al tiempo que se da el proceso de apego, el niño aprende gradualmente a amar y conectarse con los demás.
- **Falta de límites**. Sin el desarrollo del apego, el sentido de sí mismo no está bien desarrollado. No hay un entendimiento de "Lo tuyo es tuyo y lo mío es mío".
- **Sobre reacción a ciertos tipos de roce**. Sé sensible a los patrones de comportamiento y niveles de confort del niño.

Como se mencionó en el tratamiento del trastorno reactivo de apego, en el cual constantemente estás involucrado, debes estar alerta y saber que en ciertos comportamientos que el niño presenta se espera que reacciones en una de dos maneras: 1) acercarte más o 2) empujarte para que te alejes. Esto se llama «*distanciamiento y acercamiento*». Todo esto tiene que ver con las luchas de apego. Hoy el niño quiere estar más cerca de ti, seguirte a todos lados y ayudarte en lo que quiera. Mañana hará todo lo contrario y hará cosas que te irritan. Te sacará de tus casillas. ¿Qué está pasando? Al acercarse a ti entra en pánico porque no quiere lograr una conexión verdadera contigo: "tal vez deba seguir conectado con mi mamá natural o hermana. Si me apego a ti y permito que me gustes demasiado, las estoy traicionado a ellas". Si entiendes esta lucha, podrás entender y lidiar más efectivamente con el comportamiento. En ocasiones lo único que se necesita es una palabra de consuelo que calmará al niño. No es posible hablarle de esto porque es incapaz de entenderlo. La razón de estos comportamientos es compleja. Tiene que ver con lealtades divididas, temor al rechazo, temor a la intimidad, temor a ser lastimado física o emocionalmente y enojo contra aquellos que lo traicionaron. Estos son los asuntos más importantes en el corazón herido y confundido del niño.

ASUNTOS ESPIRITUALES

Un área que no debemos pasar por alto es la influencia espiritual en el comportamiento. Al compilar el historial de cada niño que cuidamos tal vez nos percatemos de que algunos tengan un historial espiritual indicador de alguna participación demoníaca en sus vidas. Esto es de esperarse; Satanás ha reclamado estos niños para sí mismo. Él no tiene compasión y usará a los pequeños como sus prendas al igual que utiliza a los adultos que se comprometen con él. Respecto a estos asuntos he incluido un capítulo detallando la lucha espiritual y que puedes consultar cuando así lo necesites.

SEÑALES DE PROBLEMAS ESPIRITUALES

- Evasión de la Biblia
- Irreverentes, constantemente tomando el nombre de Dios en vano
- Comportamientos disosiativos, claramente sin recordar lo que ha hecho
- Trances hipnóticos donde hay una constante repetición de palabras o frases
- Voces, especialmente voces de los nombres o personalidades de aquellos que los controlan
- Visiones horribles y pesadillas
- Las pesadillas y visiones se tornan peor si van a la iglesia o se tienen devocionales
- Historial con la participación en cultos satánicos o religiones locales similares («*vudú*», cultos variados en México, Animismo en África, religión hawaiana nativa, etc.).

Checa el capítulo 17, La lucha espiritual, en cuanto a este asunto, pero no lo intentes solo.

CONCLUSIÓN

¿Qué hacer cuando los comportamientos no se resuelven?

Empieza el proceso de reflexión.

Lee el historial del niño.

Considera el contexto de los comportamientos.

Presenta la situación en una reunión del personal o a tu supervisor.

Si fuera necesario, comparte la información con doctores, trabajadores sociales o terapeutas.

Diseña un acercamiento modificado bien estructurado e informado y hazlo con la participación del personal, incluyendo al niño si esto es viable y adecuado a la situación.

El acercamiento, en algunos casos, puede incluir terapia o medicamentos. En algunos casos se necesitará lo considerado como lucha espiritual.

A través de todo el proceso seguimos amando de manera activa e incondicionalmente al niño (amor ágape).

Siempre mantén en mente que la meta en el manejo del comportamiento es enseñarles a los niños cómo convertirse en ***adultos cristianos productivos***.

NOTAS

CAPÍTULO 7

La formación de discípulos

Para cumplir con la meta de conducir a los niños a Cristo y convertirlos en sus seguidores como adultos cristianos productivos, necesitamos discipular, lo que básicamente significa atraerlos a seguir a Cristo y a aprender sus mandamientos y vivir su Palabra.

> *"Por tanto, vayan y hagan discípulos de todas las naciones, bautizándolos en el nombre del Padre y del Hijo y del Espíritu Santo, enseñándoles a obedecer todo lo que les he mandado a ustedes. Y les aseguro que estaré con ustedes siempre, hasta el fin del mundo".*
>
> Mateo 28:19, 20

El investigador George Barna, en su libro "*Transforming Children into Spiritual Champions*" (Ventura, CA: Regal, 2003), escribió que sí: "Alguien quiere moldear la vida de una persona, ya sea que estés más interesado en su desarrollo moral, espiritual, intelectual, emocional o económico, es durante estos ocho años cruciales [de cinco a doce años de edad] cuando se forman sus hábitos, valores, creencias y actitudes que perdurarán toda su vida".

Si los niños son expuestos de manera clara y adecuada a las Buenas Nuevas de Jesús, están notablemente receptivos. No hay tiempo que perder, siendo que el desarrollo consciente moral y espiritual de un niño empieza desde los dos años de edad, tal vez más pronto, mucho más pronto. Las bases morales quedan bien definidas antes de los diez años.

Barna señaló que "a los nueve años la mayoría de los niños ya tienen afianzada, bien ubicada y fija su espiritualidad". A la edad de trece años, la identidad espiritual de una persona ya está establecida en gran medida.

Barna asegura que: "Si queremos tener una influencia duradera en el mundo debemos invertir en las vidas de las personas; y, si queremos lograr el mejor aprovechamiento de esa inversión, entonces debemos invertir en las personas mientras éstas son jóvenes . . . los niños les importan a Dios porque él los ama y quiere que ellos vivan lo mejor, desde el mero inicio de sus vidas".

PRIMEROS PASOS
PRIORIDAD UNO: TU RELACIÓN CON CRISTO

- **Tu declaración de misión**: ¿Para qué estás aquí? Mientras le servimos a Cristo, necesitamos definir claramente por qué estamos aquí y cuáles son nuestro propósito y nuestro llamado. Si fuiste llamado para servir en un ministerio de ayuda a los niños, entonces, ¿cuál es tu meta personal unida a la meta principal de establecer y mantener una fuerte relación con Jesucristo?
- **Diseñando un enfoque para el ministerio**. Pon en acción tu declaración de misión. Una vez que ya tenemos establecida nuestra declaración de misión, la podemos echar a andar para convertirnos en siervos efectivos del Supremo Dios.
- **Haz lo que dices, dí lo que haces**. Debemos ejecutar ambos para ser efectivos.
- **Vivir y trabajar como siervo del Altísimo Dios Verdadero**: Nuestra disposición de servicio a él se convierte entonces en nuestro propósito diario de vida.

HAZ LO QUE DICES

- Enseña como tu forma de vida personal

- Todo lo que haces es un ejemplo para otros
- Admite tus errores
- Busca el perdón de los demás
- Perdona a los que te ofenden
- Muestra compasión
- Ama a los que más lo necesitan
- Alcanza a los indeseables
- Da generosamente
- Mantén una actitud positiva
- Muestra tu humildad
- Muestra tu reverencia a lo que es sagrado
- No andes de chismoso
- Muestra o evidencia cuáles son tus prioridades
- Aprende a escuchar siempre
- Ama sin medida

¿Qué otras maneras hay para hacer lo que dices?

San Francisco de Asís escribió que "Prediques siempre el evangelio, usando palabras cuando así lo amerite la situación". En ocasiones sí son necesarias las palabras, pero son más efectivas cuando las respalda tu actuar.

"Ustedes son la sal de la tierra. Pero la sal se vuelve insípida, ¿Cómo recobrará su sabor? Ya no sirve para nada, sino para que la gente la deseche y la pisotee. Ustedes son la luz del mundo. Una ciudad en lo alto de una colina no puede esconderse. Ni se enciende una lámpara para cubrirla con un cajón. Por el contrario, se pone en la repisa para que alumbre a todos los que están en la casa. Hagan brillar su luz delante de todos, para que ellos puedan ver las buenas obras de ustedes y alaben al Padre que está en el cielo".

Mateo 5:13–16

DÍ LO QUE HACES

"Estos son los mandamientos, preceptos y normas que el SEÑOR tu Dios mandó que yo te enseñara, para que los pongas en práctica en la

tierra de la que vas a tomar posesión, para que durante toda tu vida tú y tus hijos y tus nietos honren al SEÑOR tu Dios cumpliendo todos los preceptos y mandamientos que te doy, y para que disfrutes de larga vida. Escucha, Israel, y esfuérzate en obedecer. Así te irá bien y serás un pueblo muy numeroso en la tierra donde abundan la leche y la miel, tal como te lo prometió el SEÑOR y Dios de tus padres. Escucha, Israel: el SEÑOR nuestro Dios es el único SEÑOR. Ama al SEÑOR tu Dios con todo tu corazón y con toda tu alma y con todas tus fuerzas. Grábate en el corazón estas palabras que hoy te mando. Incúlcalas continuamente a tus hijos. Háblales de ellas cuando estés en tu casa y cuando vayas por el camino, cuando te acuestes y cuando te levantes. Átalas a tus manos como un signo; llévalas en tu frente como una marca; escríbelas en los postes de tu casa y en los portones de tus ciudades".

Deuteronomio 6:1–9

- El maestro enseña siempre y en toda circunstancia: ¡En todo momento estamos enseñando! Asegúrate que lo que enseñes tenga como fundamento buenos valores.
- Date el tiempo para que conscientemente encuentres momentos del día en que enseñes algo mediante el ejemplo y mediante tus palabras.
- Conoce los hechos, mantente firme en la Palabra de Dios, no te alejes de tu Salvador y sus enseñanzas.
- La disciplina es tu oportunidad para mostrar amor y enseñar lo que Cristo quiere mostrar en tal situación. Es un momento de enseñanza del cual debemos sacar ventaja.
- Usa palabras que animen, instruyan, levanten, muestren amor, expresen preocupación, corrijan, calmen y que honren a Jesús. Utiliza palabras que logren compartir tu vida con el niño.

"En cambio, la sabiduría que desciende del cielo es ante todo pura, y además pacífica, bondadosa, dócil, llena de compasión y de buenos frutos, imparcial y sincera. En fin, el fruto de la justicia se siembra en paz para los que hacen la paz".

Santiago 3:17, 18

Unas palabras de una canción popular de Steve Green lo dicen todo:

> Hoy somos peregrinos en la tierra
> nos precedieron siervos de valor
> guiaron a los fieles
> calmaron los cansados
> sus vidas son un testimonio del amor de Dios
>
> Rodeados de esta nube de testigos
> correremos no tan sólo por triunfar
> de los que nos precedieron
> dejaremos el legado
> la herencia de una fe leal vivida en plenitud
>
> Todo el sueño realizado
> la experiencia que nos sigue servirá
> y las huellas que dejaron
> el camino ha trazado
> la senda que a otros seguirán para llegar a Dios

www.stevegreenministries.org

CONDUCIENDO A UN NIÑO A CRISTO

El resultado esperado al esforzarnos en demostrar nuestra fe es llegar al punto donde el niño quiera aceptar a Jesús como su salvador personal. Esta es una decisión individual, una que no se puede forzar. Se toma muy en serio y se deben dar los pasos necesarios cuando el niño esté listo para ello. Una guía útil para esto la encontramos en la página de internet siguiente:

http://www.cefbookministry.com/downloads/ucan4lead.pdf

Este es un archivo en formato PDF de un libro titulado: "*U Can Lead Children to Christ*", escrito por el Dr. Sam Doherty.

Lo básico se refiere a que el niño debe ser capaz de reconocer que es pecador, creer que Jesús murió y resucitó y que pagó por nuestros pecados y confesar que Jesús es Señor y aceptarlo como su Señor y Salvador personal.

Algunos versículos que pueden ser de gran ayuda son:

Reconocer
Romanos 3:23 *"Pues todos han pecado y están privados de la gloria de Dios"*.
Romanos 6:23 *"Porque la paga del pecado es muerte, mientras que la dádiva de Dios es vida eterna en Cristo Jesús, nuestro Señor"*.

Creer
Hechos 16:31 –*"Cree en el Señor Jesús; así tú y tu familia serán salvos"*.
Romanos 10:17 *"Así que la fe viene como resultado de oír el mensaje, y el mensaje que se oye es la palabra de Cristo"*.

Confesar
Romanos 10:9–11 *"Que, si confiesas con tu boca que Jesús es el Señor, y crees en tu corazón que Dios lo levantó de entre los muertos, serás salvo. Porque con el corazón se cree para ser justificado, pero con la boca se confiesa para ser salvo. Así dice la Escritura: "Todo el que confíe en él no será jamás defraudado"*.

En consecuencia, la fe viene por oír el mensaje, y el mensaje es escuchado a través de la palabra de Cristo.

Hechos 2:38, 39 –*"Arrepiéntase y bautícese cada uno de ustedes en el nombre de Jesucristo para perdón de sus pecados —les contestó Pedro—, y recibirán el don del Espíritu Santo. En efecto, la promesa es para ustedes, para sus hijos y para todos los extranjeros, es decir, para todos aquellos a quienes el Señor nuestro Dios quiera llamar"*.

Una vez que el niño haya orado para recibir al Señor, las Escrituras declaran que tal niño se debe bautizar. Ese es el siguiente paso. Sin embargo, la jornada apenas empieza. Ahora, con el regalo del Espíritu Santo en la vida del niño, él tiene más poder para resistir la tentación y para hacer las cosas que agradan y glorifican a Dios.

EN RESUMEN

Debemos estar transmitiendo la fe a los demás:
Haciendo lo que decimos
Diciendo lo que hacemos
Viviendo la Palabra de Dios
Para poder ser sal y luz en las vidas de los niños.
SE REQUIERE MÁS QUE AMOR, UN AMOR ÁGAPE.

NOTAS

CAPÍTULO 8

Una palabra en cuanto a los límites

La existencia de los límites es muy importante en la estructura de un hogar familiar saludable como lo es en una casa hogar. Teniendo límites bien definidos, tendremos un hogar donde impere el respeto, la seguridad y las oportunidades para enseñar los valores y la moral, mejorar la autoestima e integrar una estructura en las vidas de los niños a los cuales servimos. Sin los límites, una falta de estructura puede dar como resultado el caos que puede incluir falta de respeto, inseguridad, robo, engaño, hacer trampas y sin la existencia de los derechos individuales.

Para que los límites sean bien entendibles en la casa hogar, necesitamos enseñar con el ejemplo. Aquellos que crecen en una familia saludable tradicional tendrán la oportunidad natural de internalizar la estructura de esa familia y tendrán límites bien definidos. Los niños que llegan al hogar después no han tenido la oportunidad de aprender los límites familiares y por ello pueden presentar problemas de robo en propiedad ajena, pedir prestado sin tener la menor intención de pagar o regresar el objeto prestado, la destrucción de propiedad o pelear y discutir. Enseñar los límites en el hogar se vuelve una prioridad.

CUALIDADES DE LOS LÍMITES SALUDABLES

Basados en el AMOR: 1ª Corintios 13:4–8a

"El amor es paciente, es bondadoso. El amor no es envidioso ni jactancioso ni orgulloso. No se comporta con rudeza, no es egoísta, no se enoja fácilmente, no guarda rencor. El amor no se deleita en la maldad, sino que se regocija en la verdad. Todo lo disculpa, todo lo cree, todo lo espera, todo lo soporta. El amor jamás se extingue".

Estamos refiriéndonos a reglas justas con consecuencias apropiadas

- Al respeto hacia los demás
- A tener a otros en alta estima
- A respetar y mantener el espacio personal: las reglas de cortesía

Entendiendo aquello que es mío y lo que le pertenece a los demás:

- Las posesiones
- Los sentimientos
- Las responsabilidades
- La autoridad
- La rendición de cuentas
- El respeto por el cuerpo físico de los demás

Conociendo mis propios límites:

- Que soy un humano propenso a fallar
- Que puedo ser tentado y fallar
- Que si no tengo una relación fuerte con Jesucristo, Satanás me usará y destruirá

MANTENIENDO LOS LÍMITES

1. Sé «*humilde*» y escucha a los demás, incluyendo a aquello que los niños tengan que decir. No podemos cambiar o corregirnos a nosotros mismos si somos orgullosos. Reconoce que estás propenso a fallar y que puedes irte por un mal camino.

2. Entiende que los niños que están bajo nuestro cuidado y protección no han tenido límites bien definidos en sus vidas.

3. Evita situaciones en las que te encuentres solo tú y algún niño o niña; especialmente en el caso de los niños sexualizados, ten cuidado de tu interacción aun con alguien del mismo sexo.

    — *Consejería*. En la manera de lo posible, las pláticas con los niños deben ser con la presencia de un tutor del mismo sexo. Si no es posible, tales charlas se deben dar en lugares visibles para todos, pero que los que los vean no puedan escucharlos.

    — *Transporte*. Jamás se queden solos un hombre del personal con una niña o viceversa. Siempre se deben hacer acompañar por lo menos por un miembro más del personal.

4. Habrá ocasiones en que los niños van a querer platicar de asuntos o temas personales: sexo, su cuerpo, la menstruación u otros asuntos personales privados. Es importante que estos asuntos se discutan con los tutores del mismo sexo, en un lugar privado y que se provea la información adecuada, aunque únicamente sea la que se necesite en el momento.

5. Respeta las propiedades de los niños. Existe la razón de buscar en los cuartos cuando se sospecha de comportamientos raros, como lo son las drogas, el satanismo, la pornografía, el robo y demás. La búsqueda se debe dar ante la presencia del niño, con o sin su permiso. En el caso de un posible peligro para uno mismo o para los demás, como lo son las amenazas de suicidio o pensamientos suicidas, entonces se

hará necesario buscar en el cuarto con o sin la presencia del niño, es decir, no se necesita el permiso del niño.

6. Respeta el espacio físico personal del niño. Si no hay deseo de tocar o abrazar, abstente de hacerlo. No fuerces abrazar o sostener la mirada por mucho tiempo. Saluda y despídete siempre. Mantén la compostura y sé cortés. Siempre pide permiso en la casa hogar con un "Por favor" y "Gracias".

NOTAS

CAPÍTULO 9

Los primeros días

AYUDANDO A LOS RECIÉN LLEGADOS

Para tener éxito con los niños que son ingresados en orfanatos, es necesario empezar con la idea y meta del «éxito», pero además se deben tener las herramientas y las estrategias necesarias para dirigirlos hacia adelante en sus vidas. Debemos iniciar con metas de esperanzas muy altas, pero también con expectativas razonables. Debemos dejar de lado nuestras propias ideas preconcebidas o predeterminadas y así les permitimos a los niños la mejor oportunidad de cambiar sus vidas.

Reúne toda la información disponible de los niños para entender mejor a cada uno de ellos y trázate un plan específico para cada niño.

HISTORIAL

- ¿Dónde estuvo y vivió el niño antes de llegar a la casa hogar: En la calle, en un albergue, en otro orfanato, con su familia, con padres naturales o adoptivos, con su mamá soltera?
- Aproximadamente, ¿Cuántas veces ha sido reubicado el niño desde que salió de su hogar viviendo con su padre, madre o padres biológicos?
- ¿Sufrió abuso físico, sexual o abandono?

- ¿Por qué tiene que ser ingresado a una casa hogar: Muerte del papá, la mamá o ambos padres, padres alcohólicos o drogadictos, padre o madre enferma, padres que ya no pudieron cuidarlo?
- ¿Tiene problemas de salud el niño, tales como lo son operaciones pasadas o por venir, problemas físicos crónicos, cuidado psiquiátrico en el pasado o en la actualidad?
- ¿Hay familiares del niño que lo siguen cuidando y quieren seguir participando en su desarrollo?
- ¿Se ha comunicado el niño con alguien desde que salió de su hogar? ¿Hace amistad o pide la ayuda de los cuidadores?

Lo anterior encierra la mayor parte del *historial* del niño hasta el momento en que pasa a vivir a la casa hogar. Esta información debe pasar a formar parte de los archivos y registros del niño para que esté disponible al personal y así todos sepan de cada niño bajo su cuidado. (Al final de este capítulo hay un bosquejo útil para recabar información que puede ser útil para registrar los datos de un niño).

COMPORTAMIENTOS

De la información recabada disponible, podemos conocer los tipos de comportamientos del niño antes de ingresar a la casa hogar. La mayoría de los países y gobiernos no manejan tanta información detallada. Los posibles comportamientos pueden incluir:

Desobediencia
Rebelión
Ser respondones
Lloro excesivo
Ansiedad causada por temores o miedos
Depresión
Comportamientos sexualizados
Control o intimidación (bullying)

Síntomas relacionados con una enfermedad mental seria, como son escuchar voces, paranoia, creer aquello que no es verdad, ver cosas que no están presentes.

Comportamientos raros e inusuales

Comportamientos que sugieren asuntos espirituales serios (checa el capítulo 17, La lucha espiritual).

ACERCAMIENTOS

Dependiendo del historial de cada niño, podemos modificar nuestros acercamientos. Podemos usar aquello que el niño ha vivido para informar y detallar cuál puede ser un acercamiento inicial. Esto se debe considerar cuidadosamente a fin de tener un resultado exitoso.

«Niños de la calle». Dependiendo del tiempo que han pasado viviendo en las calles, no entenderán la ternura o la compasión. Son niños muy desconfiados y sospecharán de todo. Estarán inclinados a apartarse o distanciarse. Esto demanda un acercamiento cauteloso pero estricto, enfatizando las reglas y la aceptación. Inicialmente, es muy posible que el niño no acepte ser tocado, pero a través del tiempo y la adaptación, se aclimatan al roce y a sentimientos positivos.

«Aquellos que provienen de hogares con abuso físico» le tendrán más miedo a los del personal masculino o al femenino dependiendo de qué sexo era su agresor en su casa. Acércate con mucha precaución y cuidado a estos niños, vigilando siempre para determinar la cercanía que soportan y de cómo reaccionan ante los abrazos y el toque.

Aquellos que han sufrido abuso sexual necesitan un acercamiento sumamente cuidadoso. Normalmente no entienden los límites o interacciones humanas normales. Tienden a malinterpretar los abrazos y los roces porque los relacionan inmediatamente con la actividad sexual. La interacción los puede excitar sexualmente. Se requiere mantenerse vigilantes e iniciar el proceso de su enseñanza respecto a los límites.

Aquellos que han sufrido una pérdida severa o varias pérdidas consecutivas, tal como la muerte de sus padres, hermanos, trauma causado por la guerra o pérdida de su hogar y estructura familiar, están inmersos en su aflicción y necesitan comprensión, afecto y apoyo. Es muy posible que en un principio no se fíen de ti ni te tengan confianza.

Aquellos que provienen de una situación de abandono al principio no les será fácil aceptar afecto, pero aprenderán a confiar más pronto que aquellos con un historial de abuso.

EL PRIMER DÍA

La impresión del primer día resulta crucial para los recién llegados. Lo primero que hay que hacer es aprenderse sus nombres; esto es sumamente importante. Antes de presentarlos a los demás niños que ya están en la casa hogar, es necesario apartar a todos los nuevos y que todos se conozcan. La secuencia sugerida es la siguiente:

1. Eche un vistazo rápido a sus historiales, unos instantes y ya.
2. Repase las reglas, consecuencias, recompensas y horarios diarios de la casa. Este momento sirve para dar a conocer mucha información pertinente. Esta información no es para que los niños se la aprendan, entiendan o recuerden sino para que vean que en esta casa hay una estructura.
3. Con firmeza, explique lo que se espera, como son mostrar un buen comportamiento e ir a la escuela y a la iglesia. También, explique que los encargados de la casa hogar harán todo lo que esté de su parte para ayudarles a triunfar pero que ellos también deben poner de su parte para que esto se logre.
4. Termine la sesión con algo positivo, animándolos a que den lo mejor de sí.
5. Preséntenlos a los demás niños y hagan unos recorridos juntos por las instalaciones de la casa hogar.
6. Si pueden leer, entrégales un horario por escrito, con algunas reglas y lo que se espera de ellos.

LO QUE SIGUE

Como ya se discutió previamente, durante el proceso de apego, es común que el niño pase por un período conocido como "luna de miel" donde el niño intenta granjearse a los encargados de la casa hogar a que lo cuiden y protejan; es decir, conectarse con ellos. El niño intentará hacer todo bien, tratará de complacer a los cuidadores, obedecerá, hablará bien y se mostrará cortés. En ocasiones esto no perdurará. En promedio, la luna de miel durará hasta tres meses, muy raro será que dure más. Puede que no dure más de una o dos horas. Algunos niños empezarán con unos cuantos problemas, mínimos, muestran crisis muy leves y proceden luego a hacer buenos apegos. Otros lucharán por varios años hasta lograrlo.

"Los apegos exitosos requieren de participantes capaces y dispuestos en ambos lados, el niño y la persona o personas a la que se apegarán. Ambos deben estar disponibles para lograr conectarse y tener la capacidad de cumplir con todo el proceso de apego. Entre más fallas haya mostrado el niño para apegarse, más se le dificultará lograrlo en intentos posteriores. Para la gran mayoría de los niños internados en casas hogares, sí les es posible apegarse ya que sus cuidadores así lo procurarán proveyéndolos de un ambiente seguro, lleno de amor y porque son personal capaz".

Como a los tres meses de internación, el niño llega al punto donde pone a prueba el compromiso de los cuidadores, trata de rebasar los límites mostrando comportamientos muy desagradables. Si los cuidadores son capaces de confrontar la crisis y le ayudan al niño a salir de ella, la siguiente crisis no será tan aguda. Por un tiempo, las crisis se manifestarán alrededor de cada tres meses. Cada niño es distinto: pueda que algunos solamente manifiesten una sola crisis grande, pero otros tendrán muchas crisis hasta que crezcan. Las crisis pueden manifestarse con episodios emocionales, lloro, gritos, cambios bruscos en el estado de ánimo y cólera. Pueden consistir de comportamientos desagradables como buscando que te enojes y te desesperes. Controla tus emociones, trata la situación con calma para ayudar a que todo salga bien.

Al afrontar la crisis, lidiando con los altibajos, hay que mantenernos firmes en mostrar nuestro amor incondicional por los niños y mantener nuestra energía fuerte para así tener grandes esperanzas para ellos y veremos nuestras expectativas crecer mientras ellos proceden con su proceso de apego.

CUANDO LAS COSAS SALEN BIEN

Sara tenía siete años. Tenía una hermana de cinco, un hermano de cuatro y un hermanito de dos años. Vivían con su mamá, una prostituta, en la ciudad de México. Había ocasiones en que su mamá salía a trabajar por varios días, durante los cuales ellos se quedaban encerrados en el pequeño cuarto que su mamá rentaba. Si intentaban salir, la vecina los golpeaba con una escoba para mantenerlos en el cuarto. Sin embargo, Sara se escapaba por las noches para ir en busca de alimentos, esperando no ser vista por la vecina.

Un día, la mamá desapareció sin dejar rastro. Jamás volvió. Sara estaba desesperada porque no podía alimentar al pequeño de dos años. Finalmente, alguien los reportó con la policía. Así fue como terminaron siendo ayudados por el gobierno quedándose unos días en un albergue. Luego, fueron enviados a una casa hogar cristiana a las afueras de la ciudad. Ahí fue donde yo los conocí.

Estaban asustados y muy enfermos. La niña de cinco años tenía tantos parásitos que cuando fue desparasitada casi se muere. Desarrolló severas complicaciones. Al irse acoplando al hogar, parecía que jamás entrarían en contacto con nadie. Se mantenían unidos entre ellos, pero jamás le dirigían la palabra a nadie más.

Después de varios meses de infructuosos esfuerzos por parte de los cuidadores para ayudarlos, me los trajeron para recibir consejería. Empecé con la más grande y le pedí que me contara su historia de vida, pero no lo hizo. Pasé tiempo con los demás y finalmente nos conectamos jugando juntos. Después de unas cuantas veces más que me reuní con la mayor logré tener su confianza y fue entonces cuando supe lo que les había pasado. Tuve, entonces, la oportunidad de explicarle lo que pasaba. Ella fue la que me contó que les había prohibido a sus hermanos que me contaran algo. Me explicó sus temores y su lealtad a su mamá, la cual los había abandonado.

Después de unas sesiones llenas de lágrimas, ella pudo entender que necesitaba permitirles a sus hermanitos dejarse ayudar. Estaba bien que la casa hogar los ayudara y que el personal los cuidara. Durante la última sesión, decidimos juntos que ella ya no iba a seguir fungiendo con el rol de mamá y que ya podía ser la niña que era.

Esto hizo que se lograra el cambio. Por dos años los niños pudieron apegarse y crecer. Tenían sus problemas, pero sus comportamientos eran los de cualquier niño normal. Se portaban como cualquier niño. Aceptaron a Cristo y dedicaron sus vidas a él. Ahora, todos ellos sirven a Dios en distintas áreas. El más pequeño hasta inició un pequeño negocio mientras estudiaba la preparatoria y hoy día sigue administrando su negocio. Los encargados de la casa hogar sobrevivieron a tantos momentos turbulentos juntos y se sobrepusieron al apego; ahora están orgullosos del resultado final de esta familia.

FORMATO DEL HISTORIAL DE ADMISIÓN

NOMBRE

FECHA DE NACIMIENTO (o edad aproximada)

FECHA DE LLEGADA

EDAD CUANDO VIO POR ÚLTIMA VEZ A SUS PADRES BIOLÓGICOS

FUENTE DE REFERENCIA

GRUPO ÉTNICO

RELIGIÓN DE LOS PADRES

CIRCUNSTANCIAS QUE LO LLEVARON A SER COLOCADO EN UNA CASA HOGAR

HISTORIAL DE INTERNACIÓN

HISTORIAL DE TRAUMA (abuso, tipo de abuso, severidad del abuso, relacionado con la guerra, accidente, abandono, descuido, etc.)

INFORMACIÓN DE LOS PADRES

HISTORIAL FAMILIAR DE VIOLENCIA, DROGAS, ENFERMEDADES MENTALES, ENFERMEDADES FÍSICAS

HISTORIA CLÍNICA (médica)

HISTORIAL DE INMUNIZACIÓN

MEDICAMENTOS ACTUALES

¿SE CONTACTARÁ CON EL NIÑO ALGUIEN DE SU FAMILIA O PADRE?

NOTAS

CAPÍTULO 10

Entendiendo el trauma de la niñez

Casi todos, si no es que todos, los niños que acuden a una casa hogar para recibir ayuda han vivido cierto nivel de trauma. Tal vez tengan el trauma de no haber podido vivir con su familia natural o algo peor que ni siquiera nos imaginamos. Dentro de los acontecimientos de sus tiernas vidas algunos pudieron haber sufrido abuso sexual, abuso físico, guerra, epidemias, enfermedades devastadoras o haber sido abandonados en una gran ciudad o entre los matorrales. La mayoría ha vivido cierto trauma emocional y en ello se ha visto interrumpido su apego.

El trastorno de estrés postraumático sucede cuando el trauma es lo suficientemente severo para abrumar al niño y que éste no sea capaz de hacer frente a su situación dando como resultado síntomas de angustia o comportamientos variados.

Para que tú puedas entender mejor el efecto del trauma en un niño, debes tomar tiempo y recordar lo que hemos señalado con respecto al apego normal y el apego correctivo. Recordarás que en capítulos anteriores hemos mencionado que habrá ocasiones en las que el desarrollo del niño se muestra más vulnerable a los efectos del trauma que en otras; son las ocasiones en las que el niño está cambiando de una etapa de desarrollo a otra.

REPASO DEL APEGO CORRECTIVO

- Son las tapas de apego en las que la internación es exitosa, dando como resultado un proceso normal de desarrollo.
- El afianzarse, el apego selectivo y las crisis de apego suceden cada tres o cuatro meses.
- Normalmente se toma un período de tres años para corregir adecuadamente el apego, pero pueden persistir algunos problemas.

REPASO DEL DESARROLLO SEXUAL

- La estimulación sexual temprana antes de que el cerebro esté listo tiende a provocar un corto circuito en el desarrollo cerebral, causando respuestas anormales y confusión.
- La estimulación sexual una vez ya desarrollada la corteza cerebral, las capas y trazos o extensiones de toda la red (es decir, cuando la persona ya ha madurado emocional y físicamente) es sano, tolerable y saludable.

VULNERABILIDAD DEL DESARROLLO

- Esto sucede cuando cada nueva etapa de desarrollo es negociada y el niño está más vulnerable a los efectos del trauma.
- Las etapas de vulnerabilidad se presentan de seis a nueve meses, de quince a veinte meses, de cuatro a seis años, de once a catorce años, de diecisiete a diecinueve años.
- Hasta los adultos están más vulnerables a los efectos de trauma cuando tienen de treinta y cinco a cuarenta años y de sesenta a sesenta y cinco, períodos en los que se negocia la siguiente etapa de desarrollo adulto.

FACTORES RELACIONADOS CON EL TRAUMA

Para entender los efectos del trauma, debes considerar todos los factores que contribuyen a ello.

El efecto del trauma es una combinación de duración, severidad e intensidad del trauma en un niño vulnerable o resiliente ya sea que tenga o no el apoyo de su familia o apoyos sociales adecuados.

TRAUMA LEVE E INTRASCENDENTE

- Tocarse levemente los genitales algunas veces y por encima de la ropa.
- Episodio único de toque directo de genitales.
- Toque accidental o mirar actividad sexual pero no repetitivamente.
- Castigo físico ocasional en situación de furia.

INTENSIDAD MODERADA

- Toque repetitivo de genitales por encima de la ropa.
- Cantidades limitadas de toque directo de genitales por debajo de la ropa.
- Mirar material pornográfico heterosexual no violento.
- Abuso físico moderado repetitivo, pero con algo de ayuda positiva.

INTENSIDAD SEVERA

- Toque repetitivo de genitales sin ropa y hasta el punto del orgasmo.
- Introducción del dedo o pene en la vagina o ano.
- Violación por penetración del pene u otro objeto en la vagina o recto.

- Mirar repetitivamente actividad sexual ya sea pornográfica o en la vida real.
- Abuso físico hasta temer por su vida en ocasiones distintas.
- Accidente o abuso independiente de la severidad en el cual la persona piensa que su vida está en peligro y reacciona o actúa en consecuencia (temor abrumador, terror).
- Vivir un trauma severo, tal como encontrar colgada a tu mamá, el papá muerto por arma de fuego o cualquier otro accidente fatal de un miembro cercano de la familia.
- Amenazas repetitivas a la vida de uno ocasionadas por alguien capaz de causar daño.
- Trauma relacionado con la guerra, vivir de primera mano casos de muertes y destrucción.

FACTORES DE LA VÍCTIMA

- ¿Es el niño ya una persona vulnerable debido a que haya sufrido desapego, desorden mental o falta de apoyo familiar?
- ¿Ha pasado por algún trauma el niño?
- ¿Creyó el sistema de soporte la divulgación o descubrimiento del trauma?
- ¿Se desasoció el niño durante el curso del abuso? Una abstracción o disociación básicamente es perder el sentido o la memoria durante el acontecimiento, suprimir mentalmente un recuerdo de la memoria. Sí se vive la mala experiencia, pero ese momento se aísla a otro banco o unidad de la memoria, que pudiera ser difícil de recuperar o recordar.
- ¿Ha conducido el trauma al desarrollo de síntomas o comportamientos anormales?
- ¿Ha empezado el niño a victimizar a otros ya sea física o sexualmente?
- ¿Busca el niño con regularidad una figura de apego cuando se presentan los síntomas? Esto es positivo y busca la sanidad.

FORMACIÓN DE SÍNTOMAS

- Los síntomas dependen de la etapa de desarrollo, la vulnerabilidad, la intensidad y la severidad del trauma.
- Los síntomas pueden llegar a ser muy severos y difíciles de controlar a pesar de tener los cuidados adecuados.
- La estimulación sexual previa a cuando el cerebro está listo para adaptarse al estímulo provoca un corto circuito de la respuesta sexual, causando confusión y puede resultar en comportamientos sexualizados.
- El trauma físico puede asociar el placer o aprobación con dolor, la falla en detectar el dolor de los demás o sobre reacción ante un abuso.
- Los síntomas podrían incluir recuerdos traumáticos (flashbacks), ataques de ansiedad, comportamientos raros, patrones anormales de alimentación, dormir mal, pesadillas, sobre reacción a leves estímulos relacionados (detonantes), dolores físicos en aquellas áreas que fueron lastimadas durante el abuso a pesar de no haber razones físicas, dolor de estómago, dolor de cabeza, sobre reacción a síntomas físicos leves, temores inusuales o evasión.

DETONANTES

Los detonantes son ciertos estímulos que provocan recuerdos o sentimientos relacionados al trauma vivido. Puede ser algo que ven, un sonido, cierto toque o roce, un olor en particular (el mismo desodorante o perfume que su tío llevaba puesto cuando la violó), situaciones familiares o lugares, actitudes (reaccionando de una manera igual o similar a alguien asociado al trauma), ciertas palabras o expresiones, tipos de castigo (pudo haber sido un abuso físico a golpes y que haya causado heridas y así este mismo tipo de castigo sería el detonante del trauma), confinamiento (sujetando a una niña furiosa quien cree que nuevamente va a ser violada), abrazos (pueden estimular una reacción sexual placentera, cualquier otra reacción o repudio, ansiedad y miedo). Pueda que haya otros estímulos, pero los detonantes pueden lograr lo siguiente:

- Activar los recuerdos (volver a recordar).
- Recordar el pasado (flashbacks).
- Estimular los comportamientos.
- Promover pánico o comportamientos raros.
- Causar pesadillas.

RECORDAR EL PASADO

- Esta es la experiencia de revivir o volver a experimentar, comúnmente en detalle vívido, un recuerdo traumatizante en particular.
- Los recuerdos del pasado normalmente van acompañados de un detonante en particular.
- Pueden dar como resultado una disociación o comportamientos raros/extraños
- Como resultado de recordar el pasado, el niño puede vivir alucinaciones visuales, de tacto, audibles o hasta olores (olfato) o recreaciones audiovisuales complejas del evento traumático.

DISOCIACIÓN

- Sí, durante el curso de un trauma brutal en particular, la persona se somete a un estado hipnótico provocado por sí misma y puede abandonar efectivamente la situación, tenemos frente a nosotros una defensa disociativa. No se registra la memoria o el recuerdo de ese evento en particular.
- Más tarde en la vida y cuando ya no se le necesita, pueda que recurran los estados hipnóticos, lo cual se conoce como *«disociación o separación»*.

- En casos severos, se podrían desarrollar nuevas personalidades. Esto se conoce como Trastorno de identidad disociativo o Trastorno de personalidad múltiple. Esto les puede ocurrir a los niños y se puede tratar mejor cuando se es joven que en adultos.

RESPUESTAS DE COMPORTAMIENTO Y PSICOLÓGICAS

Los recuerdos del pasado y los detonantes pueden dar como resultado:

- Aumento de presión arterial
- Sudor
- Aumento de la frecuencia cardíaca
- Ataques de pánico
- Impulsos repentinos de quererse cortar o hacerle daño a otros
- Comportamientos suicidas
- Furia, algunas disociaciones respecto a que el niño no recuerda qué fue lo que pasó antes o después de la ira vivida.

ACERCAMIENTOS EN LA CASA HOGAR

Para acercarse apropiadamente al niño traumatizado, se hace necesario conocer más que su simple nombre y su procedencia. Necesitamos conocer la historia básica particular de cada uno. (Checa el capítulo 9).

Es necesario no tan sólo conocer los detalles sombríos y grotescos del trauma sino también la información básica.

- TIPO DE TRAUMA: ¿Cómo clasificarías su trauma? ¿Sexual, físico, lamento por una pérdida, testigo de un trauma, relaciones rotas, abandono, abuso emocional?

- DURACIÓN: Aproximadamente, ¿cuánto duró? ¿Más de una vez? ¿Repetida por meses o años?
- SEVERIDAD: Checa donde anteriormente mencionamos los casos leve, moderado, severo.
- POSIBLES DETONANTES: ¿Ya se ha percatado el personal de ciertos detonantes o reacciones especiales? ¿Sabe el niño lo que es un detonante?
- HISTORIAL DE RECUERDOS DEL PASADO: Si están presentes, ¿en qué consisten? ¿Qué tipo de alucinaciones? ¿Qué ayuda para que el niño se calme?
- HISTORIAL DE DISOCIACIÓN: ¿Tiene el niño momentos en los cuales no recuerda qué estaba haciendo o parece tener momentos de confusión o desorientación? ¿Hay rabia presente con la disociación?
- LÍMITES: ¿Presenta el niño faltas de respeto en cuanto a límites interpersonales? Si es así, pueda que haya la necesidad de una supervisión más cercana.
- NIÑOS SEXUALIZADOS: Normalmente el abuso deja la enseñanza de una confusión en los límites. Una consideración especial, como se dará más adelante, es muy importante (checa el capítulo 11, Abuso sexual y niños sexualizados.
- NIÑOS QUE HAN SUFRIDO ABUSO FÍSICO: ¿Confunde el niño lo que es aceptación con dolor físico o comentarios degradantes? En ocasiones en las que el niño no ha conocido otra cosa sino solamente la violencia, no conoce el amor verdadero. La aceptación de aquellos que lo debieron amar y cuidar es reemplazada por el abuso, dolor físico y palabras denigrantes. Ahora ya viviendo en un ambiente positivo y tratado con amor y respeto, el niño queda confundido respecto a qué es lo que esto significa. ¿Por qué no me estás golpeando? ¿Por qué eres amable? El sentido de uno mismo ha estado tan confundido a tal grado que se toma el ser aceptado como una forma de abuso.

RECORDATORIO:

EL PAPEL QUE EL CUIDADOR DEBE DESEMPEÑAR ES EL SIGUIENTE:
PROVEER UNA ESTRUCTURA
SER UN OÍDO QUE ESCUCHA
PROVEER ÁNIMO, CORRECCIÓN Y DIRECCIÓN
ASEGURAR QUE SE PROVEEN A TIEMPO PARA LAS NECESIDADES BÁSICAS
SER GUÍA Y EJEMPLO
MANTENER LOS LÍMITES ADECUADOS

EL PAPEL DEL CUIDADOR NO ES:
SER UN RESCATADOR
SER UN CONFIDENTE ÍNTIMO
SER UN TERAPEUTA
SER UN PADRE ADOPTIVO
SER UN DOCTOR

TRANSFERENCIA Y CONTRATRANSFERENCIA

Es importante entender la base de este concepto. Nuestro pasado nos afecta y el pasado del niño lo afecta. Nosotros tal vez reaccionemos debido a nuestro pasado y a lo que el niño representa en nuestro interior, al igual que la reacción que el niño tanga ante el cuidador por lo que el cuidador represente debido al pasado del niño. Puede que estas representaciones sean buenas, pero en la mayoría de los casos serán malas. Sin embargo, si se entienden de manera adecuada, hasta lo negativo se puede utilizar para promover la sanidad.

- TRANSFERENCIA: Es el hecho de transferirle al terapeuta o cuidador atributos de un individuo importante en el pasado del niño.

- CONTRATRANSFERENCIA: Es cuando el cuidador le transfiere al niño atributos que él mismo vio o vivió en alguien que él consideró importante en su pasado.

TRANSFERENCIA

- El niño podría ver en ti a esa mamá que odia por haberlo abandonado en el pasado y reacciona odiándote.
- Esto podría dar como resultado agresión verbal y física y será difícil entablar una relación sino hasta que esto se trabaje.
- El niño tal vez vea en un cuidador a una figura de la cual sufrió abuso en el pasado y por ello puede reaccionar en contra de esa persona.

CONTRATRANSFERENCIA

- Tal vez veas en el niño algo de tu pasado que causa que reacciones desde tu subconsciente de tal forma que no beneficie al niño. Por ejemplo, quizá puedas sobre reaccionar a un reporte de abuso sexual, debido a tu propio abuso vivido durante tu infancia.

En estas situaciones, es necesario que te conozcas a ti mismo y lo vulnerable que eres. Este es el primer paso para reaccionar adecuadamente. El hecho de conocer al niño y su historial también es relevante para entender sus reacciones y cómo tratarlo. Al tiempo que el apego prosigue, es notorio que la intensidad de estas reacciones se incrementará debido a la pregunta que el propio niño tiene en su mente de si debe confiar lo suficiente en el cuidador para apegarse. Podría preocuparle si tú serás igual que los demás y que nuevamente quedará amargamente decepcionado. Es tu trabajo mostrarle gradualmente que eres de confianza y que sabes amarlo.

RESUMEN

PARA AYUDAR AL NIÑO, CONSIDERA LOS SIGUIENTES ACERCAMIENTOS:

- **Busca entender al niño en su contexto, conociendo su *«historia de vida».***
- **Aprende los patrones de sus reacciones y cuáles puedan ser los detonantes.**
- **Aprende e intenta evitar los detonantes lo más posible.**
- **Evita platicar del trauma con el niño. Si él externa, escucha atentamente pero no alientes más exposición. Esto lo debe tratar un consejero profesional o doctor si está disponible.**
- **Usa tu entendimiento compasivo en el contexto de límites y estructuras establecidos. Básicamente, esto quiere decir que tú te detendrás a pensar en lo que estás haciendo y teniendo las precauciones propias con un niño sexualizado. Usa acercamientos que no causen detonantes y provee un ambiente donde el niño se pueda sentir seguro y donde no le suceda ningún mal.**
- **Entiende que cada niño cuenta con un carácter único y aprende a cómo tratar cada una de sus necesidades especiales.**
- **Sé flexible y creativo en tu estilo de proveer cuidado.**

Debbie tenía nueve años cuando llegó a la casa hogar en Los Estados Unidos de Norteamérica. Ella nació en China y vivió allá hasta los tres o cuatro años cuando fue adoptada. Había estado en un orfanato chino y recordaba serios abusos a los que se enfrentó. Al llegar a Los Estados Unidos no pudo hacer conexión con sus padres adoptivos. Desarrolló comportamientos severos de autodestrucción. Llegó al punto en que sus padres ya no la podían cuidar. Tuvo conflictos serios con su madre y ésta ya no la podía soportar. Sus padres adoptivos la internaron nuevamente en una casa hogar y se fueron a su casa ubicada en otro estado. Al llegar a su casa, hablaron por teléfono a la casa hogar para confirmar que ya no querían ver a Debbie. No querían que ella les escribiera o llamara por teléfono. En una sesión de las más difíciles que he tenido en mis treinta años de trabajar con niños, el director del orfanato y yo nos sentamos a explicarle a Debbie que sus padres adoptivos ya no la querían. Fue muy difícil. Ella manifestó una ira incontenible por todo un año. Finalmente, logramos que se sometiera a terapia y empezamos a suministrarle medicamentos para ayudarla con algunos síntomas que presentaba debido a su trauma. Por años permaneció bajo el influjo de medicinas que le permitieron estar a salvo de sí misma. Por último, empezó a apegarse al personal. Durante su adolescencia, nuevamente fue difícil controlarla, pero se convirtió a Cristo y maduró hasta mostrar su amor por los demás. Ha dedicado su vida al cuidado de los niños y conoce mucho de cómo funcionan los traumas y los problemas de apego.

NOTAS

CAPÍTULO 11

Abuso sexual y niños sexualizados

Desafortunadamente, el trauma sexual parece ir al alza en aquellos niños que necesitan cuidado. Es común que los cuidadores queden aterrados por lo que ven y escuchan de los niños. Estos niños necesitan de atención especial y de ser entendidos adecuadamente. El cuidador debe contar con las herramientas apropiadas para entender al niño y así poder ayudarlo. El niño, a su vez, debe poder desarrollarse de manera normal. Para muchos el reto es enorme ya que puede ser que el comportamiento de los niños resulte algo ofensivo.

REPASO EN CUANTO AL APEGO

Para entender de manera adecuada el efecto del trauma sexual, tómate el tiempo necesario para repasar las etapas del apego. Esto te ayudará a entender cuál podría ser el efecto del trauma durante el desarrollo.

- Para que el niño se desarrolle a su plenitud tanto biológica como psicológicamente, debe completar exitosamente todas las etapas del apego.

- Falla o desarrollo parcial del apego es lo que se conoce como *Trastorno reactivo de apego* que es lo que lleva al niño a presentar toda clase de problemas.
- Cuando hay trauma presente, podría darse el caso de que se interrumpa el proceso del apego.

DESARROLLO SEXUAL

La mejor manera de entender el desarrollo y el cerebro es mediante el concepto de formación de capas en la corteza cerebral. Cada etapa de desarrollo provee otro nivel, otra capa, de complejidad. Lo que posiblemente sea el gran acontecimiento es que el cerebro desarrolla más capas o tejidos interconectados desde el cerebro con otras partes. Cuando el desarrollo sexual se lleva a feliz término y en la secuencia adecuada, la persona puede lidiar correctamente con sus sentimientos sexuales y su identidad sexual. Si no se logran de manera apropiada, las cosas tienden a salir mal.

- El desarrollo sexual inicia al nacer y durante el afianzamiento inicial o unión con su mamá.
- La siguiente capa que se forma es el apego a los ocho meses.
- La siguiente capa es la de individualización; es decir, la separación y que es la que establece el patrón para sus relaciones futuras. Esto sucede de entre los dieciocho meses hasta los tres años de edad. Lo primero que sucede es el afianzamiento o vínculo de unión, luego se da el apego (cercanía especial) y luego se retrae a una relación saludable de dar y recibir.

De tres a seis años

- Se da algo de autoexploración y al niño le resulta notorio que hay diferencias entre él y una hermanita, si tuviera una hermanita. También podría descubrir que la exploración de sus genitales le produce algo de placer.

- El niño empieza a tener contacto y se relaciona con compañeros; su mejor amigo o amiga será alguien del mismo sexo y se empieza a profundizar en sus relaciones que son significativas. Sucede acercamiento y distanciamiento como en el primer apego. Toda relación parece estar basada en el proceso de apego inicial. Algunas relaciones pasan por el proceso de apego y permanece mientras que otras terminan.

De seis a once años

- Las relaciones progresan, todo se presenta de manera clara en el juego a la casita o al doctor.
- Se presenta la curiosidad natural en cuanto al sexo opuesto.
- El niño no está listo para darle información detallada en cuanto al sexo.
- De once a trece años
- El niño empieza a desarrollar interés por el sexo opuesto, pero sigue prefiriendo relaciones con niños del mismo sexo.
- La autoexploración podría resultar en masturbación, mayormente en hombres, pero también en algunas mujeres.
- En este tiempo, el niño está muy vulnerable a recibir información sobre sexo y está más presto a tener pláticas apropiadas.

De trece a dieciséis años

- El niño desarrolla relaciones en grupo con el sexo opuesto, socializando tanto con hombres como con mujeres, pero sigue sin estar listo para una relación de uno a uno ni física ni emocionalmente.
- En este tiempo, el niño está altamente vulnerable a la estimulación sexual de cualquier índole, lo cual puede llevar al niño a manifestar un comportamiento inapropiado que podría desarrollarse y convertirse en un patrón establecido.

De dieciséis a diecinueve años

- Se desarrollan las relaciones de uno a uno con el sexo opuesto y el niño tolera algo de estímulo sexual.
- Las relaciones cercanas se toleran, más dispuesto emocionalmente que a los trece años de edad.

De los diecisiete en adelante

- Ya con todas las capas de desarrollo en su lugar, el joven puede tolerar la estimulación sexual de una relación marital sin daño alguno y de manera saludable.
- La estimulación sexual antes de que el cerebro esté listo tiende a causar un corto circuito en las pistas en vías de desarrollo, causando respuestas anormales y confusión.
- La estimulación sexual una vez desarrolladas plenamente todas las capas en la corteza cerebral y extensiones o conexiones neuronales es tolerable, saludable e íntegro (completo).

VULNERABILIDAD DEL DESARROLLO

Como sucede con cualquier otro trauma, el trauma sexual también podría causar daño permanente durante los períodos vulnerables de desarrollo.

TRAUMA SEXUAL

El efecto del trauma sexual, como ya se mencionó en el capítulo anterior, se debe considerar en el contexto de la víctima, el ambiente que la rodea y el tipo e intensidad del trauma. Puedes repasar las consideraciones del trauma leve, moderado y severo que mencionamos en el capítulo 10: "Entendiendo el trauma de la niñez".

- El efecto del trauma es una combinación de su duración, severidad e intensidad en un niño vulnerable o resiliente que pueda o no tener los apoyos familiares o sociales.
- ¿Estamos frente a un niño ya vulnerable, sufriendo de desorden de apego, desorden mental o con falta de apoyo familiar?
- ¿Ha padecido trauma sexual con anterioridad este niño?
- ¿Creyó el sistema de apoyo el descubrimiento y divulgación de dicho trauma?
- ¿Ha desarrollado el trauma síntomas de desarrollo o comportamientos anormales?
- ¿Ha empezado el niño a victimizar sexualmente a otros niños?

SÍNTOMAS Y COMPORTAMIENTOS

- El tipo de los síntomas o comportamiento depende en un alto grado de la etapa de desarrollo, la vulnerabilidad y la intensidad y severidad del trauma.
- Los síntomas pueden ser tan severos hasta el punto de que sea muy difícil manejarlos, aunque se tenga el apoyo de la casa hogar.
- La estimulación sexual antes de que el cerebro esté listo para adaptarse a tal estímulo causará un corto circuito de la respuesta sexual, causando confusión y resultar en comportamientos sexualizados específicos.
- También podría haber disturbio para dormir, pesadillas o terrores nocturnos.
- Al igual que con otro trauma podría haber ansiedad, respuesta exagerada de sobresalto, evitar actividades o lugares relacionadas con el trauma o evasión de los detonantes que le producen los síntomas o comportamientos.
- Recuerdos del pasado que le pueden producir estimulación sexual, como son los visuales, auditivos, sensoriales o de tacto.

- Puede haber disociación, con o sin el desarrollo de personalidad alternativa.
- Los comportamientos sexualizados podrían incluir desvestirse, intentar desvestir a otros, tocar a otros, masturbarse en cualquier situación, intentar besar o acariciar a otros, incluyendo a los cuidadores, acostarse sobre otro o animar a que otros se acuesten sobre el niño, o cualquier comportamiento o comportamientos que tengan que ver con el acto sexual.
- Los comportamientos sexualizados también incluyen palabras que tienen que ver con la sexualidad, términos vulgares usados en público, lenguaje seductivo hacia los demás, incluyendo a los adultos y preparando a otro niño a convertirse en su víctima sexual.
- Pudiera ocurrir la confusión de emociones derivada de la asociación en pares:
- **Afecto y excitación sexual**. Al tiempo que el niño desarrolla relaciones personales cercanas, la cercanía y el afecto podría producir una verdadera excitación sexual que no es controlada por el niño, sino que el cerebro ha hecho esta conexión de ambos debido al corto circuito.
- **Enojo y excitación sexual**. Si hubo abuso que incluyó ira o degradación, podría surgir la manifestación de esta asociación ambivalente: enojo y excitación sexual. Esto podría derivar en que el niño querría hacer que sus cuidadores u otro niño se enojen para que él pueda tener esta sensación y placer sexual.
- **Violencia y excitación sexual**. Esta ambivalencia es angustiante y, si no se trata pronto, podría resultar en comportamientos peligrosos serios. También, podrían surgir los detonantes de excitación sexual al mirar películas violentas o jugar ciertos juegos que contengan violencia.
- **La excitación sexual y la culpa, el dolor emocional, el temor y el terror**. En este caso, la excitación que podría ser normal en la adolescencia posterior resulta en aversión de relaciones cercanas ya que desencadena recuerdos dolorosos.

- **La excitación sexual y el dolor físico**. Si no se trata adecuadamente, el niño podría desarrollar prácticas sexuales anormales, donde el dolor y el placer hacen pareja. Esto incluiría el sadismo, masoquismo, fetichismo y demás. Estos niños también podrían manifestar tendencias a causarse daño por sí mismos porque no tan sólo presentan la respuesta normal conocida como insensibilidad al dolor auto infringido, sino que podría ser que su respuesta fuera de tener placer ante el dolor. Esto sería el resultado de un abuso que causa dolor, pero a la misma vez excitación.

COMPORTAMIENTOS AUTONOCIVOS

- Rasguñarse, cortarse, golpearse, exponerse a situaciones peligrosas
- Buscar desaparecer, usar borradores de los lápices para causarse daño a sí mismo
- Golpearse la cabeza, que también serían manifestaciones debido a otras condiciones
- Comportamientos suicidas
- Masturbación hasta el punto de causarse daño físico
- Síntomas de bulimia o anorexia
  - La «*bulimia*» en los niños puede representarse como comer en exceso hasta sufrir dolor abdominal para luego inducirse vómito para calmar el dolor; el proceso causa insensibilidad como cortarse a sí mismo.
  - La «*anorexia*» es evitar comer, aunque el niño podría estar obsesionado en cuanto a la preparación de la comida. Evitar comer causa pérdida peligrosa de peso, el ciclo menstrual de las niñas podría detenerse y otras preocupaciones de salud resultarían por causas de desnutrición.

PREOCUPACIONES ESPIRITUALES

- La sexualidad está considerada como un acto sagrado.
- El acto sexual une a una pareja casada; es decir, ya pasan a formar una sola carne, de la misma manera en que une a aquellos que no están casados.
- La práctica sexual fuera de los límites divinos da como resultado una enfermedad espiritual.
- Los eslabones del trauma (la conexión entre la víctima y el perpetrador podrían incluir a las preocupaciones espirituales y éstas se deben considerar en el tratamiento.)

ACERCAMIENTOS DEL TRATAMIENTO

- Si hay cualquier material que estimule o promueva la sexualidad, retírelo del medio ambiente.
- La estructura debe incluir una vigilancia de cerca y conocimiento de la predilección sexual del niño.
- Exploración de cualquier preocupación espiritual y obediencia de las normas estipuladas más adelante en este manual (Checa el capítulo 17).
- Acercamientos correctivos de apego, manteniendo la estructura y vigilancia necesaria que permita el desarrollo normal.
- Reacción razonable a los comportamientos sexuales, tratando redirigirlos o manejando sus consecuencias de manera tranquila pero firme, entendiendo que la mayor parte de esto no está bajo el control del niño, aunque nos moleste en demasía.
- Trabajar con el niño estableciéndole y respetando los límites, reforzándolos en todo el proceso si así fuera necesario.
- Muéstrate totalmente alerta a cualquier comportamiento engañoso que pueda manifestarse.
- No te metas en una batalla si de alguna manera te das cuenta que el niño es maduro sexualmente y se masturba

en privado y sin excesos (sin causar más comportamientos o distracciones).

- Trata el comportamiento de la masturbación si es excesivo, en público o causa ansiedad en otros de la casa hogar o si esto deriva en otros comportamientos sexuales.
- Ofrece consejería, que pueda ayudar si no explora en exceso algún trauma del pasado, sino que ayuda a trabajar el aquí y ahora, de lo que sucede en la situación actual en la vida del niño, su relación con el pasado y cómo controlar los impulsos y ayudarle en su comportamiento de manera más adecuada.
- Trabajar con el niño los siete pasos de libertad en Cristo, al tiempo que el niño alcanza la edad adecuada para completarlos, como aparecen bosquejados en los libros de Neil Anderson: La serie "The Bondage Breaker" (checa el listado de las referencias).

EN ALGUNOS CASOS SERÍA ÚTIL TOMAR MEDICAMENTOS PARA REDUCIR LA ANSIEDAD Y

- Que permitan continúe el proceso de apego
- Que combatan los comportamientos de autoflagelación
- Que alivien la depresión
- Que reduzcan los recuerdos traumáticos, comportamientos sexuales, la ansiedad o las perturbaciones del sueño.

"La meta a lograr en el uso de medicamentos es que sirva de puente, no como solución definitiva permanente, para aliviar los comportamientos de ansiedad lo suficiente y poder tratar al niño con consejería efectiva para que el niño regrese a su proceso de desarrollo. En general, los medicamentos se pueden retirar cuando se reanuda el apego y la consejería logra avances".

NOTAS

CAPÍTULO 12

La educación sexual en el hogar

En un hogar cristiano normal, son los padres los que deben proveer una educación sexual a sus hijos preadolescentes. Debido a que es el mundo el principal maestro respecto a este tema, nuestros hijos están siendo bombardeados con información falsa, engañosa y carente de principios morales. Por lo tanto, resulta más vital que a nuestros huérfanos se les provea de la información correcta adecuada con la oportunidad de que ellos puedan decidir vivir vidas sexualmente puras. Las edades en las que esta información puede ser mejor absorbida y sin causar problemas es a los once años para las niñas y a los doce para los niños. Estas son las edades en las que los cuerpos de ambos empiezan a experimentar cambios.

La forma de provisión de esta información varía, pero debe mantener un patrón aproximado al que presentamos a continuación y así cubrir todos los aspectos importantes. Se puede dividir y realizar en cinco secciones detalladas a continuación y para que tú la desarrolles de manera adecuada a tu entorno.

Las sesiones deben presentarse en una estructura tal que se requiere la participación del papá o mamá encargada de la casa hogar, dependiendo de si la sesión es para niñas o niños. Podría requerir de la ayuda de un consejero o doctor para explicar, especialmente, las dos primeras partes. Se puede hacer esto es un lugar especial a donde se lleve a los niños únicamente para esto. Se podría dar todo en una sola tarde y noche o se podrían programar sesiones de una a dos horas de duración por cinco noches consecutivas. Los puntos a cubrir son:

1. La anatomía y el cuerpo en desarrollo
2. El acto sexual
3. El sexo y la Biblia
4. Las consecuencias de la desobediencia
5. Comprometidos a la pureza sexual

1. La anatomía y el cuerpo en desarrollo

Esta sesión requiere de diagramas o dibujos que se pueden obtener de internet u otras fuentes. Los diagramas deben mostrar los procesos del desarrollo físico y los cambios que ocurren durante la pubertad. Se debe hablar de los miembros apropiados de la anatomía y que esto sirva para corregir los nombres impropios vulgares que la mayoría de los niños conoce.

Para las niñas, debes dedicarle un poco más de tiempo explicando todo el proceso de la menstruación y lo que pasa en su cuerpo cada mes. Permite que ellas se sientan lo suficientemente a gusto como para plantear sus preguntas. Los niños no necesitan saber tanto respecto a la menstruación (Como lo es la higiene femenina) pero sí deben comprender el proceso.

Una vez explicada la anatomía y los cambios pertinentes en sus cuerpos, comenta brevemente respecto a la modestia y los límites físicos, al igual que toque apropiado e inapropiado.

2. El acto sexual

Para evitar excitación y únicamente explicar y presentar los hechos, esta sesión debe ser breve y al grano. El vocabulario necesario incluye «*excitación, eyaculación y orgasmo*». Es suficiente con explicar y describir brevemente cada uno de estos puntos. A continuación, provee la explicación de lo que pasa en la unión del esperma con el óvulo para fecundar y producir una nueva vida. Hay que explicar que así es como empieza la vida humana y se produce la fecundación de alguien que, si todo marcha bien, llegará a su vida adulta. También, menciona brevemente el desarrollo del bebé en el contexto de la maravillosa complejidad de esta nueva creación de Dios. Siempre que sea posible, recuérdales a los niños los aspectos espirituales de una relación sexual amorosa.

3.   El sexo y la Biblia

Esta sesión puede ser muy interesante, divertida y a la vez informativa. Puede ser aprovechada para una actividad de esgrima bíblico. Todos deben tener una Biblia. Se asigna versículos a cada niño. Que cada uno busque su versículo, lo lea y explique brevemente lo que entiende. (Todas las biblias deben ser de la misma versión y tener concordancia y referencias; esto ayuda mucho). Los temas a desarrollar en esta sesión son el matrimonio, la lujuria, el adulterio, la fornicación y otros. No debes dejar de lado 1ª. Corintios 7, donde se habla de la vida matrimonial.

4.   Las consecuencias de la desobediencia

Esta es otra sesión que se puede ver muy beneficiada con la participación de un profesional de la salud. Se deben plantear las consecuencias de la relación sexual fuera del matrimonio, incluyendo las posibilidades de quedar embarazada, contraer sida o enfermedades venéreas relacionadas con la relación sexual y las consecuencias psicológicas (el adulterio, la separación matrimonial y las consecuencias de la actividad sexual antes del matrimonio). Todos los datos e información se deben presentar de manera clara y concisa para asegurar que el niño entienda que hay peligro si se actúa fuera del plan de Dios.

5.   Comprometidos a la pureza sexual

Después de todo lo dicho y hecho, los participantes dispondrán del tiempo necesario para que consideren y reflexionen respecto a los beneficios que hay en seguir la dirección de Dios, entendiendo su plan para la sexualidad en el contexto de un matrimonio sano centrado en Dios. Algunos encargados de casas hogares incluirán una oración especial de dedicación, algunos hasta invitan a los niños a que hagan promesas especiales y firmen una hoja compromiso. Otros se han dado a la tarea de entregar pulseras conmemorativas del significado y compromiso que todo esto tiene. Por ejemplo, a las niñas se les entrega un collar con un candado y llave. La llave la guardan y se la entregan a su esposo en la noche de bodas. Esto implica que compartirán su amor juntos de por vida. Hoy día, puede que a los niños les llame la atención simbolizar todo esto con algo similar.

NOTAS

CAPÍTULO 13

Preparación para una vida independiente

La preparación para abandonar el hogar y aceptar responsabilidad en cuanto a tu propia manutención requiere de una gran cantidad de destrezas que comúnmente se adquieren en un hogar típico familiar, de tal forma que no es sino hasta entre los dieciocho y los veintiún años de edad que una persona está lista para salir a hacer su propia vida. En un hogar normal se da que algunos están más listos que otros. Lo agradable de una familia normal es el hecho de que recibes ayuda cuando decides salir de casa. Sin embargo, esto es totalmente diferente en un ambiente de casa hogar u orfanato. En una situación así los cuidadores y los niños deben trabajar juntos para la obtención de estas destrezas. El período en que deben iniciarse los preparativos es en la adolescencia de los niños. Una transición exitosa depende de este entrenamiento. Todo ello puede ser emocionante pero lleno de ansiedad. Muchos niños no querrán salir por temor a fallar. Sienten que no podrán salir adelante solos. Algo que ayuda a que los niños estén preparados tiene que ver con el siguiente protocolo, que también puede lograr que se reduzca gran parte de la ansiedad.

1. PREPARÁNDOSE PARA SALIR

- El joven entiende los procesos de apego y dolor.
- El joven es capaz de partir de buena manera, manteniendo relaciones sanas con los cuidadores y amigos.

- El joven es capaz de cambiar el estado de sus relaciones sin cortarlas.
- El joven es capaz de ajustarse a la vida fuera de la casa.

Al tiempo que el adolescente enfrenta su pronta salida, debe percatarse de cómo se sentirá al dar tal paso. Se sentirá afligido y triste, querrá partir sin voltear atrás. Ahora que el joven ya ha aprendido a conectarse con otros y a valorar las relaciones, será guiado a cómo hacer esta transición de manera sana y segura, manteniendo las relaciones en tanto le sea posible. Esto implica dedicarle tiempo y energía a la preservación de aquellas relaciones importantes.

2. LA SALUD E HIGIENE PERSONAL

- Entender el cuidado personal diario, bañarse, lavarse los dientes, usar desodorante, rasurarse, etc.
- Entender las funciones normales de su cuerpo.
- Saber cuándo buscar ayuda médica.
- Tener conocimiento de primeros auxilios.
- Hacer ejercicio de manera adecuada.

Ahora que el adolescente se enfrenta solo a la vida, le sería muy fácil dejar de hacer las cosas que fue enseñado y en cierta manera forzado a hacer en la casa hogar cuando llegó. A través del tiempo en la casa hogar el niño aprendió la importancia de las actividades señaladas y evitarse así una molestia o incomodidad posterior.

3. LA NUTRICIÓN

- Llevar una dieta balanceada.
- Saber comprar la despensa, contando con un presupuesto.
- Conocer sobre la preparación y almacenamiento de comida, incluyendo las destrezas básicas de cocina.

La cocina es un lugar donde al niño debe enseñársele gradualmente a cocinar. También, se le debe pedir que acompañe de compras para que se ambiente en ello. La demostración de cómo se hacen las cosas es vital para que el niño aprenda. No debe faltar platicar de la comida en cuanto a lo que es o no sano comer.

4. EL CUIDADO DE LA ROPA

- Saber comprar la ropa adecuada.
- Aprender a lavar, separar por colores, poner a secar, colgar, doblar, acomodar, etc.
- Vestirse de manera propia dependiendo del clima, el trabajo, las condiciones, etc.

Muchas de las actividades mencionadas las realiza el personal de la casa hogar, pero se les puede incluir a los jóvenes a que se dediquen y aprendan a lavar y a las tareas relacionadas con todo esto.

5. EL DINERO Y LAS FINANZAS

- Entender el sistema financiero.
- Conocer sobre las cuentas bancarias, el uso de cheques, tarjetas de crédito y administración del dinero.
- Conocer las destrezas básicas propias en cuanto a la realización de presupuestos.

Esta parte es un poco más difícil de tratar ya que muchas casas hogares no cuentan con el presupuesto para darles sus domingos a los niños. Sin embargo, se les puede animar a los jóvenes a buscar un empleo de medio tiempo. Una vez que ellos empiezan a ganar dinero, se les debe instruir en cuanto a qué es y cómo se debe administrar de manera adecuada el dinero.

6. EL CUIDADO DEL HOGAR

- El uso de los electrodomésticos
- El cuidado de la cocina
- El cuidado del piso y las alfombras

- El cuidado del baño
- El cuidado de la recámara y cómo tender la cama
- El cuidado de la lavandería
- El mantenimiento de las áreas verdes, el jardín y la limpieza de los patios

Se espera que el personal de la casa hogar haya demostrado a los jóvenes todo el cuidado que las instalaciones amerita. La práctica se debió haber dado e instruido al joven en todas estas actividades relacionadas con el cuidado de un hogar propio.

7. EL TRANSPORTE

Cómo usar el transporte público.

- Saber comprar y sobre el mantenimiento de un coche.
- Tener la destreza para manejar un automóvil y los permisos o licencias adecuadas (Coche y chofer).

La destreza en cuanto al transporte varía de la ubicación de la casa hogar. Todo tendrá que ver con lo que hay disponible ya sea por la economía o lo que es práctico. Para algunos niños, lo útil y recomendable es el uso de una bicicleta. Otros necesitarán aprender a tomar el transporte público. En Los Estados Unidos de Norteamérica se hace necesario aprender a manejar y saber lo que ello conlleva.

8. DESTREZAS ESPIRITUALES

Dedicarle tiempo a Dios en oración y la lectura de la Biblia.
Congregarse en una iglesia.
Contar con el desarrollo de buenos hábitos espirituales.
Si en la casa hogar no se tiene la estructura adecuada en cuanto a tener devocionales, entonces el joven tendrá grandes déficits en esta área y por lo tanto le será muy fácil a tal joven no congregarse ni servir a Dios. Esta destreza se tiene que demostrar como parte de

la estructura externa en la casa hogar, como algo visible que el niño absorberá e internalizará.

9. DESTREZAS DE ESPARCIMIENTO

- Saber usar sabiamente el tiempo, sin malgastarlo.
- Contar con el desarrollo de hábitos propios de ejercicio y pasatiempos sanos.
- Continuar con las destrezas deportivas aprendidas y desarrolladas en la niñez.

Durante los años de crecimiento, parte del proceso tiene que ver con divertirse juntos. El hecho de promover competencias amistosas y momentos agradables crea recuerdos que cuando ya somos adultos queramos hacer lo mismo con nuestra familia. No te olvides de la importancia que tienen los deportes en aquellos que desean participar en ellos y en otras formas de diversión para que los niños que abandonan la casa hogar tengan una muy buena idea de lo que es una vida balanceada.

10. DESTREZAS RELACIONADAS CON EL TRABAJO

- Búsqueda de empleo, colocarse de aprendiz, becario, servicio social.
- Dominar lo referente a las entrevistas de trabajo, la elaboración del currículo, el llenado de la solicitud de empleo.
- Saber conseguir y mantener un trabajo.
- Buscar la promoción en el trabajo.

Al tiempo que se desarrolla la casa hogar, se hace necesario que el personal empiece a buscar dónde colocar a sus jóvenes en cuanto al ambiente laboral. Hay que crear conexiones y oportunidades de capacitación y empleo en la comunidad cercana para que los niños bajo el cuidado tengan oportunidades ocupacionales y de educación laboral.

11. DESTREZAS EDUCATIVAS

- Fijación y alcance de metas
- Destrezas de estudio
- Autodisciplina
- Sobreviviendo y prosperando en un ambiente universitario o escuela técnica

Al iniciar el niño su vida en la casa hogar, se espera que él vea la importancia que tiene obtener una buena educación. El personal de la casa debe poner mucho énfasis en el aprendizaje. En la promoción del aprendizaje y la buena educación, debemos poner especial atención a aquellos niños que no aprenden bien o que necesitan alguna ayuda en especial. Necesitamos estar seguros que el niño puede continuar con su educación. Algunos exámenes revelarán estas posibilidades. Las expectativas deben estar basadas en la realidad. Los que no puedan continuar con sus estudios deben tener otras oportunidades de desarrollo donde puedan triunfar.

12. DESTREZAS INTERPERSONALES

- Saber escoger amigos y mantener las relaciones amistosas.
- Saber resistir las tentaciones.
- Saber mantener límites interpersonales apropiados.

Al corregir exitosamente el apego, se garantiza que las relaciones interpersonales empiecen a ser menos problemáticas. Sin embargo, esta área presenta una falta importante de destrezas. Puede que el adolescente necesite mucha ayuda para determinar cómo escoger y mantener amigos, especialmente aquellos niños que apenas inician su vida juvenil y que no saben cómo tener relaciones duraderas fuertes. El saber cómo lograrlo les va a ayudar para cuando tengan que salir del hogar y sigan haciendo y manteniendo amigos.

13. CITAS Y RELACIONÁNDOSE CON EL SEXO OPUESTO

- Tener el desarrollo de un entendimiento adecuado respecto al comportamiento y seguridad en una cita.
- Saber entender su propia moral.
- Tener respeto hacia el sexo opuesto.

14. DESTREZAS EN LA SOLUCIÓN DE PROBLEMAS

- Saber analizar un problema.
- Saber anticipar los posibles escenarios y soluciones.
- Conocer la formulación de un plan.
- Checar los resultados obtenidos.

Cuando surjan los problemas, no te concentres en únicamente aportar la solución, sino que debes usarlo para dar una enseñanza. Es de suma importancia que enseñes la destreza de anticipación o ver con antelación porque los niños con Trastorno reactivo de apego o Trastorno de deficiencia de atención e hiperactividad no la tienen fija en sus mentes. Se puede discutir y trabajar junto con los jóvenes para llegar a una solución. También, se puede plantear un problema hipotético y pedir que los jóvenes lo resuelvan.

Todo esto ya mencionado puede servir de marco para desarrollar devocionales o sacar lecciones claras para ayudar a promover la idea de que un día el niño saldrá para siempre de la casa hogar y tú quieres que ese niño esté listo para el reto que enfrentará. Esta información también puede servir como guía para que el cuidador asigne tareas y responsabilidades gradualmente, al tiempo que el niño crece y se desarrolla adquiriendo las destrezas que va a necesitar más tarde.

Otro uso que tiene esta información es como un listado de cosas o tareas por hacer. El niño la puede tener en su cuarto para ir marcando las cosas o actividades que ya aprendió a hacer o con las que se sienta a gusto. A continuación, te proveo de un listado completo que puedes imprimir y usar con aquellos niños que saldrán del hogar en unos dos o tres años. Imprime la cantidad de copias que necesites.

LISTA DE COMPROBACIÓN DE LA PREPARACIÓN PARA LA INDEPENDENCIA DEL NIÑO

1. PREPARÁNDOSE PARA SALIR

- Entiende los procesos de apego y dolor.
- Es capaz de partir de manera positiva, manteniendo relaciones sanas con los cuidadores y amigos.
- Es capaz de cambiar el estado de sus relaciones sin cortarlas.
- Es capaz de ajustarse a la vida fuera de la casa.

2. LA SALUD E HIGIENE PERSONAL

- Demuestra la habilidad para su cuidado personal diario, bañarse, lavarse los dientes, usar desodorante, afeitarse.
- Es capaz de entender las funciones normales de su cuerpo.
- Sabe cuándo buscar ayuda médica.
- Tiene conocimientos básicos en primeros auxilios.
- Es capaz de obtener el ejercicio que necesita.

3. LA NUTRICIÓN

- Entiende lo que es una dieta balanceada.
- Sabe cómo comprar despensa contando con un presupuesto.
- Entiende lo básico en cuanto a almacenar comida: qué se refrigera y qué se congela.
- Tiene destrezas básicas en cuanto a cocinar y preparar comidas.

4. EL CUIDADO DE LA ROPA

- Sabe cuándo comprar ropa adecuada.
- Tiene el conocimiento necesario del cuidado de la ropa: lavar, tender, planchar, doblar.

- Sabe guardar la ropa: la limpia en un lugar y la sucia en otro.
- Sabe vestirse con propiedad: de acuerdo al clima, para el trabajo y en diferentes ocasiones y situaciones.

5. EL DINERO Y LAS FINANZAS

- Tiene un entendimiento básico del sistema financiero.
- Demuestra un entendimiento básico en cuanto a las cuentas bancarias y el uso de cheques, incluyendo el uso apropiado y pago de los servicios.
- Tiene un entendimiento adecuado de las destrezas básicas propias de los presupuestos.

6. EL CUIDADO DEL HOGAR

- Entiende cómo operan y cómo cuidar los aparatos electrodomésticos.
- Demuestra el cuidado apropiado y limpieza de la cocina, los trastes, los utensilios, las ollas y las sartenes.
- Conoce el cuidado básico del piso y las alfombras.
- Es capaz de cuidar, limpiar y darle mantenimiento al baño.
- Conoce el cuidado básico de la recámara: tender la cama y lavar las sábanas.
- Cuenta con las destrezas adecuadas para atender el jardín, darle mantenimiento a las áreas verdes y tener limpio todo alrededor de la casa.

7. EL TRANSPORTE

Entiende cómo funciona y cómo usar el transporte público.

- Tiene el conocimiento adecuado para la compra y darle mantenimiento a un coche.
- Sabe manejar bien y conoce toda la documentación requerida para ser propietario de un coche.

8. DESTREZAS ESPIRITUALES

- Tiene el hábito de pasar tiempo con Dios en oración y la lectura de la Biblia.
- Sabe cómo encontrar una iglesia.
- Está desarrollando buenos hábitos espirituales.

9. DESTREZAS DE ESPARCIMIENTO

- Entiende cómo usar sabiamente el tiempo, sin malgastarlo.
- Está desarrollando hábitos buenos de ejercicio y sus pasatiempos favoritos.
- Tiene planes para continuar con las destrezas deportivas aprendidas en su niñez y juventud.

10. DESTREZAS RELACIONADAS CON EL TRABAJO

- Conoce lo básico en cuanto a la búsqueda de un empleo.
- Conoce lo básico de las entrevistas de trabajo, la elaboración del currículo, el llenado de la solicitud de empleo.
- Es capaz de obtener y mantener un trabajo.
- Entiende cómo promoverse en un trabajo y a hacer bien las cosas.

11. DESTREZAS EDUCATIVAS

- Es capaz de fijarse metas y cómo hacerle para alcanzarlas.
- Sabe cómo estudiar y aprender.
- Demuestra autodisciplina.
- Tiene la capacidad para sobrevivir y para prosperar en un ambiente universitario o escuela técnica.

12. DESTREZAS INTERPERSONALES

- Tiene el conocimiento y la destreza para escoger a sus amigos y cómo mantener las relaciones amistosas.

- Se está convirtiendo en alguien que soporta bien las tentaciones.
- Sabe cómo mantener los límites interpersonales apropiados.

13.   CITAS Y RELACIONÁNDOSE CON EL SEXO OPUESTO

- Ha desarrollado un entendimiento adecuado respecto al comportamiento y cómo sentirse seguro en una cita.
- Tiene un entendimiento moral adecuado.
- Ha desarrollado un respeto adecuado hacia el sexo opuesto.

14.   DESTREZAS EN LA SOLUCIÓN DE PROBLEMAS

- Es capaz de analizar un problema.
- Tiene la capacidad para anticipar los posibles escenarios, problemas y la búsqueda de las soluciones adecuadas.
- Puede formular un plan.
- Es capaz de checar críticamente los resultados obtenidos y hacer los cambios necesarios.

NOTAS

CAPÍTULO 14

Entendiendo las enfermedades mentales en los niños

Los niños que llegan a vivir en una casa hogar tal vez presenten uno de los muchos desórdenes mentales que existen. Hay una gran cantidad de enfermedades mentales pero la mayoría cae dentro de tres categorías. El hecho de que un niño presente alguna de estas enfermedades no debe ser causa para ser rechazado de ingresar a la casa hogar. Sin embargo, si existe la evidencia de que el niño presenta un desorden persistente severo y si la casa hogar no dispone del cuidado de un psiquíatra es recomendable que tal niño sea canalizado a un lugar con tal servicio disponible. Las enfermedades en cuestión pueden ser menores y que tan sólo requieran de apoyo en cuanto a su cuidado o que sean tan graves que el niño necesite de medicamento para preservarle la vida. A continuación, presento un bosquejo general de las enfermedades. El listado real de los posibles desórdenes es mucho más extenso. Lo que yo presento es una simple guía de referencia adecuada, en caso de necesitarse, en cuanto a la canalización del niño a un profesional de salud mental.

CATEGORÍAS

- TRASTORNOS DE ANSIEDAD
- TRASTORNOS DEL ESTADO DE ÁNIMO

- TRASTORNOS PSICÓTICOS

PRINCIPIOS BÁSICOS

- LOS TRASTORNOS DE AJUSTE, EL ESTRÉS SITUACIONAL, LA ANSIEDAD TRANSITORIA Y LA DEPRESIÓN, QUE NO TENGAN BASE BIOLÓGICA, generalmente se pueden solucionar con cuidado médico de apoyo y, si se tiene a la mano, algo de consejería a corto plazo.
- LAS ENFERMEDADES MENTALES Y LOS SÍNDROMES DE DESARROLLO SON BIOLÓGICOS Y BASADOS EN LA QUÍMICA CEREBRAL O EN ANOMALÍAS ANATÓMICAS y por lo tanto es común que se traten "Biológicamente"; es decir, con acercamientos medicinales como parte de su tratamiento.

EVALUACIÓN Y DIRECTRICES DE TRATAMIENTO

- EL ENFOQUE ES HOLÍSTICO: BIOPSICOSOCIOESPIRITUAL
- SU EVALUACIÓN Y TRATAMIENTO DEBE CONTEMPLAR TODO EL PANORAMA COMPLETO

Al evaluar el trastorno, se hace necesario incorporar los factores *bio*lógicos de la enfermedad, que tienen que ver con los problemas estructurales o químicos en el cerebro. Los factores *psico*lógicos son aquellos que tienen que ver con los sentidos de pertenencia o el concepto que el niño tiene de sí mismo: su imagen de sí mismo, su autoestima, su sentido de identidad, su seguridad y su vulnerabilidad. Los factores *socio* son en referencia a lo social; es decir, todo lo que tiene que ver con apego, conexión con los compañeros, la relación con los padres de la casa hogar, su relación con otras personas en la sociedad y las conexiones culturales. Los factores *espirituales* son aquellos que se aplican para evaluar el impacto espiritual del trastorno: cómo éste afecta la relación del niño con Dios y cómo afecta la participación del pecado o cómo alguna influencia maléfica pudiera ser parte del asunto en cuestión. De la misma manera, con el tratamiento, necesitamos tomar en cuenta los cuatro factores, unos más que otros. En ocasiones, el hecho de tratar y solucionar los factores biológicos y espirituales, cuando estos son los factores dominantes y el niño responde bien al tratamiento, puede ayudar a meter en línea a los demás factores.

El tratamiento tiene la meta de regresar al niño a su desarrollo normal cuando esto sea posible. Si el mal es muy severo y no se puede regresar al niño a sus etapas de desarrollo normal, entonces hacemos todo lo posible para mejorar la calidad de vida del niño.

TRASTORNOS DE ANSIEDAD

- LA ANSIEDAD GENERALIZADA: Este es un estado de mayor reactividad al ambiente, son reacciones psicológicas a factores estresantes menores, al miedo y a la preocupación.
- EL TRASTORNO DEL PÁNICO: Éste se caracteriza por episodios discretos de ansiedad severa con duración desde unos minutos hasta horas, asociado con el aumento en su intensidad. Los síntomas que se presentan pueden ser sudar, aceleración cardíaca, un sentido de ruina o perdición y dolor abdominal o del pecho. La ansiedad podría ser tan severa que disparara comportamientos impulsivos y de auto destrucción, que pueden poner en peligro la vida del niño. Puede estar asociado con un detonante de trauma, que necesita ser explorado con el niño y tratado como se mencionó en la información provista respecto al trauma. (Checa el capítulo 10).
- TRASTORNO OBSESIVO-COMPULSIVO

- OBSESIONES: Esto comprende pensamientos indeseables recurrentes.
- COMPULSIONES: Esto comprende las acciones indeseables recurrentes como respuesta a o para reducir o atenuar las obsesiones. Podría manifestarse como lavarse las manos de manera compulsiva debido a un miedo a los gérmenes (Obsesiones con respecto a las bacterias), escribir y volver a escribir (Jamás satisfecho por cómo se ve), conteo de objetos, comportamientos ritualistas tales como las supersticiones pero llevadas a un extremo y en serio, salir de noche a pasear, mantener muy bien arreglado y en orden todo, comportamientos repetitivos debido a que no se logra hacer a la perfección algo (Compulsiones de perfección). Esto podría ser algo así como tener que pasar por la misma puerta varias veces antes de finalmente quedarse dentro de un cuarto.

TRASTORNO DEL ESTADO DE ÁNIMO

- ***DEPRESIÓN MAYOR***: Esta consiste de uno o más episodios del estado de ánimo deprimido, baja energía, irritabilidad, tristeza y pensamientos de salir huyendo o de suicidarse. También puede incluir la pérdida o aumento del apetito y falta o aumento de sueño. Se le puede asociar con los síntomas psicóticos (Pérdida de la orientación de la realidad), pero en los niños eso normalmente se conoce como bipolaridad (checa a continuación).
- ***TRASTORNO BIPOLAR II***: Junto con la depresión, esta persona por lo menos ha sufrido un episodio de hipomanía (Un estado de aumento de energía), intrusión, aumento de comportamiento orientado a una meta, impulsividad y pensamientos de jugar a las carreras, pero no al nivel de manía en el cual se puede perder el control fácilmente y tornarse desorganizado. Este trastorno bipolar no se asocia

con la psicosis. Se le describe mejor como pequeñas altas y enormes bajas.

- ***TRASTORNO BIPOLAR I***: Éste se caracteriza de por lo menos un episodio de manía, estados muy altos de energía, disminución de la necesidad de dormir, aumento de comportamiento dirigido a una meta, pensamientos dispersos, impulsividad, búsqueda excesiva de placer, posible desorganización y síntomas psicóticos. Puede presentarse o no algún episodio de depresión, al cual comúnmente le sigue un maníaco alto.

- ***MIXTO BIPOLAR***: Estos pacientes presentan ciclos de manía y depresión que podrían ocurrir durante el día, o tener síntomas depresivos y maníacos a la vez. Esto se puede describir como un estado de depresión alta o de alta energía y se la puede asociar con la psicosis. En este caso hay un potencial más alto al suicidio que con el trastorno bipolar I y II. La mayoría de los niños caen en esta categoría porque el trastorno bipolar mixto presenta episodios de muy corta duración y con cambios bruscos o columpios muy rápidos. Se le puede confundir fácilmente con los "Trastornos de deficiencia de atención e hiperactividad", debido a que la mayoría de sus síntomas son similares. Sin embargo, la bipolaridad es un trastorno episódico o trastorno cíclico, con síntomas que normalmente no son consistentes con el paso del tiempo.

TRASTORNOS PSICÓTICOS

- DECEPCIÓN: Creencias falsas arraigadas que desafían la lógica, la razón o los hechos contradictorios.
- PARANOIA: Sospechoso de los demás, temiendo ser lastimados o lastimar a los demás, deducir mensajes personales negativos producto de interacciones neutrales o de lo que otro dijo, malinterpretar las intenciones de otros, encontrándole el significado a cosas sin importancia que

alguien dijo; resulta en falta de confianza, haciendo que el proceso de apego sea más difícil.

- ALUCINACIÓN: Vivencia sensorial anormal sin relación alguna con los estímulos externos.
- VISUAL: *Complejo*: ve figuras humanas o animales con o sin audio; *simple*: ve sombras, colores, objetos sin forma.
- AUDITIVO: *Complejo*: Escucha una voz, o voces, entendible plenamente que pueden ser órdenes o comentarios; *simple*: Simplemente escucha un ruido que podría ser algo difícil de definir.
- TÁCTIL: Un sentido de que la persona está siendo tocada, golpeada, cortada, etc.
- GUSTATIVA: Sentido sin estimular de lo que normalmente es un sabor desagradable.
- OLFATIVA: Olor no estimulado que normalmente es muy repulsivo.

ESQUIZOFRENIA

La esquizofrenia es una enfermedad psicótica crónica que desactiva al individuo. Causa que el paciente sufra de decepciones, alucinaciones, pensamiento desordenado, perturbación del habla y un sentido de ser controlado por fuerzas externas. El trastorno es crónico y con frecuencia es progresivo. Si comienza de entre los seis y diez años de edad, el pronóstico es grave y podría ser que el niño vaya a necesitar ayuda a largo plazo.

TIPOS DE ESQUIZOFRENIA

- TIPO PARANOICO: Predominantemente paranoico o con delirios de grandeza y generalmente se expresa bien y se le entiende todo.
- TIPO INDIFERENCIADO: Podría mostrar paranoia, perturbación en su forma de expresarse, inestabilidad del

humor, falta del sentido del tacto y rigidez de los músculos: catatonía. Se paraliza, no responde o hiperactivo sin responder.

- TIPO DESORGANIZADO: Muy raro que ocurra, pero la persona se muestra excesivamente perturbada al hablar, sus decepciones están fragmentadas, sufre severas alucinaciones, difícil de tratar y con frecuencia se torna demente.
- DESÓRDENES ESQUIZOAFECTIVOS: Casi siempre categorizado por separado, pero con síntomas del tipo esquizofrénico, manifestando vaivenes en su estado de ánimo, depresión persistente o manía persistente; podría parecer bipolar o depresivo, pero persiste el pensamiento del trastorno (psicosis) y manifiesta síntomas como los relacionados a la esquizofrenia.

TRATAMIENTO

Todos los trastornos anteriores se tratan con distintos medicamentos, que pueden mitigar los síntomas y facilitar una mejor calidad de vida. Junto con la medicina puede resultar muy benéfica la consejería. No dar tratamiento podría tornarse algo dañino ya que los síntomas podrían causar que el niño se convierta en un peligro para sí mismo y para otros o que el paciente quede gravemente imposibilitado o inhabilitado, sin poder cuidarse a sí mismo o para discernir la realidad.

De entre las enfermedades que pueden atacar a los niños, la más común es la depresión a gran escala. Es importante que los cuidadores sepan entender los síntomas y los riesgos de un comportamiento suicida. Podrías encontrar muy útil algo para medir el grado de depresión en los niños. Esto también puede ser de gran beneficio para que ya cuentes con la información disponible para el doctor o profesional de la salud mental. Tú mismo puedes hacer esta labor. (Checa http://www.scalesandmeasures.net/files/files/Birleson%20 Self-Rating%20Scale%20Child%20Depression%20Disorder.pdf)

Google u otros buscadores también pueden servir para encontrar cómo medir el grado de depresión en los niños. Esta información está disponible y se puede bajar gratis. para mas ayuda en español consulta a dbsalliance.org

NOTAS

CAPÍTULO 15

El desarrollo y los trastornos neuropsiquiátricos

El propósito de esta sección es presentarte algunos trastornos comunes con los que podrías encontrarte y que se consideran de desarrollo o que están comprendidos en el límite entre la neurología y la psiquiatría. A continuación, te presento sus síntomas y forma en que se muestran. Este material no es para que tú diagnostiques al niño, sino que bosquejo esto como forma que considero te puede ayudar a buscar la ayuda que necesitarías si quedas expuesto a estos síntomas. Resulta sumamente importante que entiendas que estos trastornos pueden afectar el comportamiento y pueden limitar en gran medida la experiencia de desarrollo del niño al igual que podrían afectar el apego. El hecho de armarte con esta información y entendimiento básico te puede ayudar a enfrentar los retos que puedan surgir.

TRASTORNOS DE DEFICIENCIA DE ATENCIÓN E HIPERACTIVIDAD

Este problema persistente en forma permanente presenta las siguientes características:

- FALTA DE ATENCIÓN: Problemas para enfocarse, filtrar, organizar la información recibida en orden de prioridades, transferir la información recibida para ponerse a trabajar y memoria a largo plazo.
- HIPERACTIVIDAD: Incrementa su nivel de actividades al azar, no necesariamente dirigido a cumplir con metas, mucha energía, difícil que se siente y se quede quieto.
- IMPULSIVIDAD: No se detiene a pensar antes de actuar, pobre destreza o habilidad para pre visualizar o anticiparse a las cosas.

TRASTORNO DEL ESPECTRO AUTISTA

Este es un trastorno de desarrollo, comúnmente diagnosticado antes de los tres años de edad del niño y que presenta muchas de las siguientes características:

- Déficits en la interacción social recíproca
- Comportamientos no verbales deficientes
- Mala o ninguna interacción con los compañeros
- Poco intercambio de placer
- Falta de reciprocidad social y emocional

CRITERIOS DE DIAGNÓSTICO

- Restringido, estereotípico, con patrones repetitivos de comportamientos, intereses o actividades.
- Adherencia inflexible a rituales o rutinas que no funcionan.
- Le falta participar en juegos simbólicos e imaginativos.
- Le preocupan las partes que integran o componen un objeto.
- En un 75% de los casos se le diagnostica como retrasado mental.
- De un 15 a un 30% presenta convulsiones.

- En un 33% presenta anormalidad neurológica como un modo de andar peculiar, caminar de puntitas.
- Muchos presentan anormalidades asociadas con sus cromosomas.
- Muchos podrían presentar habilidades por encima de lo normal; es decir, operan en su normalidad o hasta sobresalen en ciertas áreas especiales a pesar de que en general funcionen por debajo de lo normal.
- Los rasgos comunes en lo anterior podrían aparecer en sus talentos musicales, su habilidad para unir las piezas de un rompecabezas, la memorización, hacer mímica, cálculos matemáticos, su habilidad para crear calendarios perdurables, hiperlexia (extremadamente buenos para leer a pesar de tener otras deficiencias intelectuales), habilidades innatas en la localización de lugares en un mapa.
- Es común que se muestren cariñosos, pero con falta de sentido común y juicio.

SÍNDROME DE ASPERGER

- Reportado por primera vez por el Dr. Hans Asperger en Austria en el año 1944.
- Es un trastorno neurobiológico considerado como perteneciente al espectro autista.
- Se presenta en una de 250 personas (en proporción de 6–1 de hombres a mujeres).

Descripción

- El coeficiente intelectual va del normal al superior.
- Las deficiencias se producen en tales áreas funcionales como lo son sensorio-motórico, lenguaje, socialización, comportamiento de adaptación y cognitiva.

- Comúnmente presentan problemas coexistentes como lo son los Trastornos de deficiencia de atención e hiperactividad, trastornos de ansiedad, depresión o trastorno bipolar.

DEFICIENCIA DEL LENGUAJE

- Pedante o estilo académico, como si tu paciente te estuviera dando una cátedra.
- Repetitivamente usa palabras o frases.
- Malentiende las sutilezas y no capta el humor sutil.
- Su estilo de comunicación es literal.
- Se le dificulta empezar, continuar o finalizar una conversación.

SOCIALIZACIÓN

- Su lenguaje o expresión corporal es limitado.
- Su contacto visual y sus sentimientos de desconfianza son limitados.
- Tiene problemas para relacionarse con otros.
- Prefiere la compañía de los adultos.
- Tiene pocos amigos.
- No respeta el espacio personal.
- Le falta la toma de perspectiva (no es capaz de ver cómo otros se sentirían o pensarían en una situación dada).

CONDUCTAS NO ADAPTATIVAS

- No siempre adapta su comportamiento a las situaciones.
- Reacciona de manera desastrosa ante pequeños cambios, alteraciones leves, casi no puede cambiar y adaptarse a pequeños cambios de situación (Por ejemplo, no puede parar de jugar para ir a comer).

- Se involucra en comportamientos ritualistas, repetitivos, obsesivos.
- Muestra comportamientos inmaduros.
- Tiene problemas para controlar su enojo.
- Frecuentemente se ve abrumado en situaciones demandantes o ante las multitudes.
- Intenta imponer rutinas o estructuras en los demás.
- Muestra dificultad para regular sus emociones, su ira, su agresividad y su ansiedad.

ASPECTOS COGNITIVOS

- Muestra una habilidad superior en áreas restrictivas de interés.
- Muestra un interés obsesivo en un asunto sin importancia.
- Tiene mejores resultados con tareas repetitivas o familiares.
- Es excelente memorizando.
- Aprende mejor ante las palabras escritas o con ilustraciones en dibujo.
- Aparenta ser consciente de su diferencia con respecto a los demás.
- Le falta organización y sentido común.
- Tiene dificultad para entender las consecuencias de su propio comportamiento.

SENSORIO-MOTÓRICO

- Presenta reacciones inusuales ante ruidos fuertes o impredecibles.
- Sensible al tacto ya sea de abrazos o por el tipo de tela que viste.
- Reacciona de mala manera ante los olores.

- Lleva una dieta restringida, el tipo de comida o su presentación (La manera en que la comida está arreglada en el plato).
- Puede ser bueno, tosco o deficiente respecto a sus habilidades de motricidad.

ASUNTOS RELACIONADOS CON LA ESCUELA

- Se le dificultan las situaciones que presentan menos estructura.
- Tiene problemas para cambiar de una situación o actividad a otra.
- Malinterpreta las cosas.
- Es objeto de burlas.
- Confronta y tiene problemas con el poder y lucha de fuerzas.
- Presenta asuntos de ansiedad.

TRASTORNOS NEUROPSIQUIÁTRICOS

EL SÍNDROME DE TOURETTE es un trastorno relacionado con la contracción nerviosa presentando tics de motor y fónicos. Los tics son producciones vocales y motoras involuntarias complejas que se pueden controlar o suprimir por un tiempo, comúnmente asociado con el Trastorno de deficiencia de atención e hiperactividad o con el Trastorno obsesivo compulsivo.

EL SÍNDROME DE ALCOHOLISMO FETAL es debido a que el niño quedó expuesto al alcohol desde cuando estaba en el útero y las cantidades fueron tales que causaron características físicas típicas, al igual que ciertas características del comportamiento y problemas de aprendizaje. Estos niños tienden a presentar dificultades con los conceptos relacionados con los números, son extremadamente impulsivos y distraídos, no tienen sentido común y tienden a presentar problemas para regular su estado de ánimo.

EL EFECTO DE ALCOHOL FETAL es, como el anterior, pero presenta menos síntomas severos. Puede que no presente los síntomas físicos del anterior y generalmente es más leve en cuanto a los comportamientos y déficits.

EL EFECTO DE METANFETAMINA FETAL puede presentar una gran variedad de dificultades. Algunas manifestaciones serán la hiperactividad, impulsividad, irritabilidad y cambios bruscos en el estado de ánimo.

OTROS TRASTORNOS NEUROPSIQUIÁTRICOS

- Trastornos causados por trauma al nacer, herida en la cabeza, derrame, parálisis cerebral, etc.
- Enfermedades cerebrales degenerativas (Demencias de inicio en la infancia, muy raro).
- Relacionados con la psicosis y los trastornos del estado de ánimo.
- Efectos de comportamiento relacionados con enfermedades del metabolismo (Diabetes, etc.).
- Trastornos de psicosis, del comportamiento y del estado de ánimo, asociados con los trastornos del desarrollo, el autismo, el síndrome de Asperger, el retraso mental, herida en el cerebro, infección del cerebro.

CONCLUSIÓN

- Estos trastornos tienen un origen biológico con un entendimiento claro pero deficiente en cuanto a sus efectos en el cerebro.
- Estos niños deben ser tratados dentro de un marco biopsicosocioespiritual (Tomando en cuenta todo el espectro; es decir, los aspectos biológico, psicológico, sociológico y espiritual).
- Se requiere del trabajo en equipo para lograr lo mejor para estos niños.

Cuando te enfrentas a la confrontación de las necesidades especiales de un niño quien presenta una inhabilidad neurológica o médica, lo primero que pasa por la mente y te debe preocupar es de si tal niño se puede atender o no dentro de las instalaciones de la casa hogar. Los niveles de comportamiento y tu disponibilidad de los servicios de un psiquiatra, neurólogo u otro cuidado médico son los que determinan el paso a seguir.

Tu siguiente preocupación podría ser tu falta de conocimiento en cuanto a un trastorno en particular. Es importante que adquieras toda la información concerniente al trastorno en cuestión y trabajes junto con los profesionales médicos para darle al niño el cuidado que necesita. Tal vez hasta debas comprometerte con el manejo del caso; es decir, que tú seas quien consigas las citas con los especialistas, los terapeutas, los consejeros y coordinar todo respecto al caso. También, el cuidador es quien debe asegurarse que todas las instrucciones y recetas médicas se cumplan y evaluar si lo recomendado está dando resultados positivos y así retroalimentar a los trabajadores de salud.

Cuando el niño va a terapia o consejería, es posible que no deba estar presente el cuidador, pero puede ayudar si ambos están presentes en las sesiones. Cuando el niño acude al psiquiatra o al médico, debe estar presente el cuidador para aportar la información necesaria respecto al avance del tratamiento y para aportar cualquier dato pertinente.

NOTAS

CAPÍTULO 16

Terminando fortalecido

Una vez que nos involucramos tanto en el ministerio, llegamos a darnos cuenta de que éste se adueña de nosotros y dejamos de suplir nuestras propias necesidades. Sin darnos cuenta, en ocasiones empezamos a desmoronarnos. Hasta podemos llegar al punto de apartarnos de Dios y afectamos así nuestra relación con él. Aquellos que permanecen enfocados en Cristo y mantienen en balance su vida y ministerio saldrán victoriosos. Al final de nuestra carrera, escucharemos esas preciosas palabras: "¡Hiciste bien, siervo bueno! Has sido fiel".

¿QUÉ ES EL MINISTERIO?

- Servir a otros de acuerdo a los parámetros bíblicos.
- Gastar tus energías para conducir a otros a los pies de Cristo, enseñarles, sostenerlos, ayudarles en tiempos difíciles, confortarlos y animarlos a que hagan buenas obras.

"Porque somos hechura de Dios, creados en Cristo Jesús para buenas obras, las cuales Dios dispuso de antemano a fin de que las pongamos en práctica".

Efesios 2:10

BALANCE EN EL MINISTERIO

Compromiso dentro del contexto de las prioridades.

1. DIOS
2. FAMILIA
3. MINISTERIO
   Conociendo tus limitantes.
   Poseyendo una buena definición de lo que es tu rol a desempeñar.

Resulta muy importante que te esfuerces por hacer lo siguiente:

- Pon límites entre lo personal y lo profesional.
- Date cuenta de tu vulnerabilidad y cómo Satanás puede usarte si te alejas de Jesucristo.
- Pide fortaleza a través del Espíritu Santo para llevar a feliz término tus tareas.
- Entiende los procesos de apego y contratransferencia.

DESGASTE

Hay ocasiones en que los cuidadores llegan al punto donde les parece sumamente imposible continuar. El trabajo es demasiado, es agotador y los niños parecen no estar a su alcance profesionalmente. Les parece que ya no vale la pena continuar en el ministerio. Es demasiado. Si te sientes así, posiblemente estás DESGASTADO.

EL DESGASTE ES:

- Agotamiento emocional
- Agotamiento físico
- Falta de energía
- Descuido físico

- Descuido espiritual
- Vulnerabilidad a padecer una enfermedad mental
- Vulnerabilidad a la tentación

SÍNTOMAS

- FATIGA
- DISMINUCIÓN DE CONCENTRACIÓN Y ATENCIÓN
- DISMINUCIÓN DE CREATIVIDAD
- IRRITABILIDAD
- ENOJO, IRA, RABIA
- BAJA TOLERANCIA A LA FRUSTRACIÓN
- FALTA DE EMPUJE Y GANAS DE HACER LAS COSAS
- DESEO DE SALIR HUYENDO (aun los adultos quieren salir corriendo algunas veces)

PASOS A LA SANIDAD

"Los que confían en el SEÑOR son como el monte de Sión, que jamás será conmovido, que permanecerá para siempre".

—Salmos 125:1

"La angustia abate el corazón del hombre, pero una palabra amable lo alegra".

—Proverbios 12:25

"El que es generoso prospera; el que reanima será reanimado".

—Proverbios 11:25

"Por tanto, también nosotros, que estamos rodeados de una multitud tan grande de testigos,

despojémonos del lastre que nos estorba, en especial del pecado que nos asedia, y corramos con perseverancia la carrera que tenemos por delante. Fijemos la mirada en Jesús, el iniciador y perfeccionador de nuestra fe, quien por el gozo que le esperaba, soportó la cruz, menospreciando la vergüenza que ella significaba, y ahora está sentado a la derecha del trono de Dios".

Hebreos 12:1, 2

"Destruimos argumentos y toda altivez que se levanta contra el conocimiento de Dios, y llevamos cautivo todo pensamiento para que se someta a Cristo. Y estamos dispuestos a castigar cualquier acto de desobediencia una vez que yo pueda contar con la completa obediencia de ustedes".

2ª. Corintios 105, 6

"Por tanto, para que sean borrados sus pecados, arrepiéntanse y vuélvanse a Dios, a fin de que vengan tiempos de descanso de parte del Señor".

Hechos 3:19

"Los apóstoles se reunieron con Jesús y le contaron lo que habían hecho y enseñado. Y como no tenían tiempo ni para comer, pues era tanta la gente que iba y venía, Jesús les dijo: Vengan conmigo ustedes solos a un lugar tranquilo y descansen un poco".

Marcos 6:30, 31

PRIORIDADES

1.   LA ADMINISTRACIÓN DEL TIEMPO

2. RESTAURANDO LOS MOMENTOS REGULARES DE DEVOCIONALES
3. MANTENIENDO LA CONFIANZA EN DIOS
4. MANTENIENDO BUENAS RELACIONES
5. CONTROLAR LA IRA Y LAS FRUSTRACIONES
6. MANTENIENDO UNA ACTITUD POSITIVA
7. MANTENIENDO UN BALANCE POSITIVO DE ENERGÍA

ENERGÍA NEGATIVA

En la vida normal, muchas cosas o actividades pueden consumir una gran cantidad de energía emocional:

- LOS CONFLICTOS
- TRATAR EN GENERAL A LA GENTE
- FALTA DE DORMIR BIEN
- MALA ALIMENTACIÓN
- TENSIÓN, ANSIEDAD, PREOCUPACIONES
- OTROS . . .
- ENERGÍA POSITIVA

Busca cosas positivas que te ayuden a restaurar tu energía agotada. Lo que te puede servir mucho es lo siguiente:

Busca a Dios: Encuentra maneras de conectarte con Dios a través de la oración y el estudio de la Biblia. Asóciate o busca al pueblo de Dios y alábenlo y adórenlo juntos.

Platica: Comunícate con otras personas, comparte tus sentimientos, tus angustias, tus preocupaciones y tus inquietudes. Tal vez simplemente quieras platicar y tomarte una taza de café o comer. También, atrévete a compartir tus sueños, ideas e inspiración.

Relájate: Encuentra formas de liberar tu tensión. Lee algunos libros, proponte tener un pasatiempo que te agrade, escucha música.

Has ejercicio y aliméntate bien: Trata bien tu cuerpo. Quince minutos de ejercicio tres veces por semana hacen la gran diferencia.

Cambia tu dieta a una más sana, sin tanta grasa saturada, menos carbohidratos, más proteína y mucha fruta y verdura.

Sonríe: Búscale el humor a la vida. Disfruta de un cuento divertido. Mira una película que te anime y te edifique, ríe con alguien especial.

Duerme bien: Asegúrate de dormir la cantidad de horas que tú necesitas. Todos somos diferentes pero lo normal va de entre las seis y diez horas cada noche. Busca ayuda profesional en caso de no estar realmente descansando y durmiendo tranquilo. Evita la cafeína ya muy tarde durante el día, después de las 3 ó 4 de la tarde. Desarrolla buenos hábitos en cuanto a lo que a dormir se trata. Dormir bien es saludable.

Se puede recordar con las letras DEPRESION:

LLAVES PARA REEQUILIBRARSE

D—DIOS, ACERQUESE A DIOS

E—EJERCICIOS FÍSICOS

P—PLATICAR

R—RELAJAR

E—EDUCARSE

S—SUEÑO, SONREIR

I—LO QUE REALMENTE IMPORTA (Prioridades)

Ó—ORACIÓN

N—NUTRICIÓN

¿Qué tipos de actividades te reabastecen de energía: el ejercicio, los pasatiempos, ver películas? Establece aquello que funciona para ti.

MANTENIENDO LÍMITES SANOS

Una forma fácil de desgastarse y causarles daño a aquellos que ministras se provoca al no mantener límites apropiados. Muchos de los niños con los que trabajamos provienen de un pasado ya sexualizado y por lo tanto no tienen límites bien establecidos. Su situación de vida es así.

Los límites que estos niños conocen fueron redefinidos por algún abuso sufrido. La cercanía emocional y el apego que ellos viven se confunden con la excitación sexual. Ellos creen que para ser aceptados debe haber un componente sexual en sus vidas. Tienen una gran dificultad en aceptar el amor incondicional.

Como se bosquejó en el material que trató las estructuras (Checa el capítulo 2), para que un sistema funcione bien, éste debe tener roles y responsabilidades bien definidas. El hecho de vivir y trabajar dentro del marco de nuestros roles bien definidos reduce el desgaste y otros problemas.

RECUERDA EL PAPEL DEL CUIDADOR:

- PROVEER UNA ESTRUCTURA
- SER TODO OÍDO
- PROVEER ÁNIMO, CORRECCIÓN, DIRECCIÓN
- ASEGURARSE QUE LAS NECESIDADES BÁSICAS SE SUPLAN A TIEMPO
- SER GUÍA Y EJEMPLO A SEGUIR
- EL PAPEL DEL CUIDADOR NO ES:
- SER RESCATADOR
- SER CONFIDENTE ÍNTIMO
- SER TERAPEUTA
- SER PADRE ADOPTIVO
- SER DOCTOR

REPASO DE TRANSFERENCIA Y CONTRATRANSFERENCIA

TRANSFERENCIA: Es cuando el niño transfiere o le otorga al terapista o cuidador atributos de una persona importante en su pasado.

COTRATRANSFERENCIA: Es cuando el cuidador le transfiere u otorga al niño atributos de alguien importante en el pasado del cuidador.

El niño te puede ver o considerar como la mamá que odia porque ésta lo abandonó y reacciona ante ti odiándote. Esto puede dar como resultado una agresión ya sea verbal o física y al niño le cuesta mucho esfuerzo entablar una relación sino hasta que esto se solucione.

Puede que seas tú quien ve en el niño algo que te sucedió en tu pasado que causa que reacciones desde tu inconsciente de tal forma que no beneficia al niño (por ejemplo, sobre reaccionando ante un reporte de abuso sexual, debido a tu mala experiencia vivida cuando abusaron de ti).

El hecho de entender este concepto y examinarnos a nosotros mismos continuamente para considerar nuestros propios motivos y del porqué reaccionamos de cierta manera sirve y nos puede ayudar a conectarnos mejor y para mantenernos bien sin violar los límites y reduce nuestra ira y frustración.

ACERCAMIENTOS PARA CONTINUAR BIEN

- Muéstrate humilde, aprende de tus errores.
- Sé capaz de reírte de ti mismo cuando sea apropiado.
- Analiza constantemente tus reacciones para considerar su procedencia.
- Aprende el historial de cada niño para que entiendas porqué reacciona de cierta manera ante ciertos acercamientos específicos.

"Si a alguno de ustedes le falta sabiduría, pídasela a Dios, y él se la dará, pues Dios da a todos generosamente sin menospreciar a nadie".
—Santiago 1:5

NUESTRA MISIÓN

"Por lo tanto, mis queridos hermanos, manténganse firmes e inconmovibles, progresando siempre en la obra del Señor, conscientes de que su trabajo en el Señor no es en vano".
—1ª. Corintios 15:58

MINISTERIO CON LOS NIÑOS

- Trabajar con los niños es uno de los ministerios más importantes y retadores.
- El desgaste de los cuidadores de niños es uno de los más altos de entre cualquier tipo de ministerio.
- El estrés en el ambiente de trabajo, el caos emocional y los conflictos son el pan diario y de lo más común y se pueden convertir en lo más intenso si no te cuidas bien tanto física como espiritualmente.

ENCONTRANDO EL ÉXITO EN EL MINISTERIO

- ¿Por qué estás aquí: para amar incondicionalmente, para fortalecer tu carácter o para vivir sirviendo a los niños de Dios?
- ¿Cuáles son tus metas personales y espirituales?
- ¿Cuáles son tus metas en el ministerio?
- ¿Cuál es tu declaración de misión?

Recuerda, estás aquí para los niños. El apego es una calle de doble sentido, que es estresante para ambas partes involucradas, así que no te dejes llevar. Los límites los pone la administración por muy buenas razones y tú los debes cumplir para tu seguridad personal, física y espiritual.

PRIORIDADES

1. Jesucristo y tú.
2. Tu familia.
3. El ministerio.
4. Tus deseos personales.

Utiliza la hoja de trabajo de la siguiente página. Te ayudará a desarrollar un balance en tu ministerio, te proveerá de guía al enfocar tu dirección y propósito y te ayudará no tan sólo a sobrevivir en este ministerio tan difícil, sino que también te ayudará a PROSPERAR Y TERMINAR FUERTE.

RESÚMEN Y PLAN DE ACCIÓN

Explora para ti mismo y escribe por qué estás en el ministerio. Si tus motivos no son los adecuados y necesitan corrección, pídele a Dios que los corrija.

¿Cuál es tu declaración personal de misión?

¿Cuáles son tus motivos para estar en el ministerio?

¿Cuáles son mis metas en el ministerio de aquí a cinco años?

¿Qué cosas negativas hay en mi vida y ministerio: aquello que consume mi energía?

¿Qué cosas positivas tengo en mi vida: cosas que puedo hacer para obtener y restaurar mi energía?

¿Cómo puedo balancear mi vida y ministerio?

NOTAS

CAPÍTULO 17

La lucha espiritual

Resulta muy fácil ignorar la realidad del mundo espiritual y continuar viviendo simplemente con lo que vemos, sentimos, oímos y tocamos. Sin embargo, la realidad es muy distinta. Uno de los trucos del enemigo es lograr que ignoremos la realidad de su existencia y así podernos atrapar desprevenidos. Muchos de los niños que acuden a nosotros en busca de ayuda y cuidado provienen de pasados increíbles respecto a la maldad y depravación que han vivido. Muchas de las historias que he escuchado a través de los años ni siquiera se pueden mencionar en estas páginas. Si un niño ha sido expuesto al mal existe la posibilidad de que necesite demonización. Digo esto para que estemos sabidos y alertas, pero no es para buscar demonios por todas partes. Básicamente, este capítulo encierra aquello que debemos saber en cuanto a cómo combatir las fuerzas del mal que han esclavizado a muchos de nuestros niños.

¿CUÁL ES LA REALIDAD?

- ¿Solamente crees en lo que puedes experimentar con tus cinco sentidos? ¡Hay mucho más!
- No eres un cuerpo con un alma, sino que en cambio . . . *«eres un alma que sucede que tiene un cuerpo».*

- Eres un ser eterno encerrado temporalmente en el tiempo y el espacio.
- La realidad se extiende más allá de lo visible.
- La Biblia describe a todo un universo el cual somos incapaces de comprender:
- Con gran facilidad aceptamos la realidad del Espíritu Santo, pero tenemos problemas con la idea de que existan los espíritus malignos.
- Fundamentalmente, nada ha cambiado de cuando Jesús caminó en la tierra. Tenemos coches, electricidad y mejores casas, pero . . .
- La gente sigue pecando, siguen necesitando al Salvador y sigue residiendo el mal en la tierra.
- Este no es el mismo mundo que Dios creó "Y Dios consideró que esto era bueno". Algo le pasó a la creación cuando Adán pecó.

Liberación de dos endemoniados

"Cuando Jesús llegó al otro lado, a la región de los gadarenos, dos endemoniados le salieron al encuentro de entre los sepulcros. Eran tan violentos que nadie se atrevía a pasar por aquel camino. De pronto le gritaron: —¿Por qué te entrometes, Hijo de Dios? ¿Has venido aquí a atormentarnos antes del tiempo señalado?

A cierta distancia de ellos estaba paciendo una gran manada de cerdos. Los demonios le rogaron a Jesús: —Si nos expulsas, mándanos a la manada de cerdos.

—Vayan —les dijo. Así que salieron de los hombres y entraron en los cerdos, y toda la manada se precipitó al lago por el despeñadero y murió en el agua. Los que cuidaban los cerdos salieron corriendo al pueblo y dieron aviso de todo, incluso de lo que les había sucedido a los endemoniados. Entonces todos los del pueblo fueron al encuentro de Jesús. Y cuando lo vieron, le suplicaron que se alejara de esa región".

—Mateo 8:28–34

LA LUCHA ES ESPIRITUAL

"El Espíritu dice claramente que, en los últimos tiempos, algunos abandonarán la fe para seguir a inspiraciones engañosas y doctrinas diabólicas. Tales enseñanzas provienen de embusteros hipócritas, que tienen la conciencia encallecida".

—1ª. Timoteo 4:1, 2

LA LUCHA ES CONTRA UN REINO

"Porque nuestra lucha no es contra seres humanos, sino contra poderes, contra autoridades, contra potestades que dominan este mundo de tinieblas, contra fuerzas espirituales malignas en las regiones celestiales".

—Efesios 6:12

Daimonizomai δαιμονίζομαι demonización
Es la única palabra usada en El Nuevo Testamento
para describir este fenómeno.

LA DEMONIZACIÓN MODERNA

Practiquen el dominio propio y manténganse alerta. Su enemigo el diablo ronda como león rugiente, buscando a quien devorar.

—1ª. Pedro 5:8

¿Cuál es el historial espiritual del niño?

- Las circunstancias en las que el niño creció.
- La orientación religiosa de su familia.
- Vivencias con fenómenos relacionados con el ocultismo (la güija, animismo, edadismo nuevo, satanismo, etc.)
- Participación en algún culto (mormonismo, espiritismo, animismo, religiones tradicionales como son el caso de los nativos de Hawái y México –la santería).

- Deliberadamente ofreciéndose directamente al diablo y pactando con él.
- La pornografía, especialmente la de los homosexuales, bestial y perversiones extremas.
- ¿Hay un compromiso personal con Cristo?
- Tentaciones y dificultades actuales.
- Problemas de salud mental y adicciones.
- Voces escuchadas o producto de la imaginación.
- Visiones de personajes del mal.
- Aborrecer la Biblia, incomodidad en la iglesia.
- Enojo ante la mención de la sangre de Cristo.

DEMONIZACIÓN

- Es un fenómeno bastante común a nivel mundial.
- Sucede a distintos niveles.
- Algunos demonios salen después del bautismo.
- Algunos siguen presentes y se tornan más poderosos y agresivos.
- Todos los demonios son peligrosos ante los inexpertos o desprevenidos.
- Puede presentarse un daño espiritual o físico si alguien trata de combatir a los demonios sin saber cómo acercarse.
- Dado que el reino de Dios está bien organizado, los ángeles tienen rango y autoridad, como lo podemos ver en las Escrituras.
- El pueblo de Dios, que está lleno de su Espíritu Santo, tiene poder y autoridad sobre estos seres espirituales.

"Pues estoy convencido de que ni la muerte ni la vida, ni los ángeles ni los demonios, ni lo presente ni lo por venir, ni los poderes, ni lo alto ni lo profundo, ni cosa alguna en toda la creación, podrá apartarnos del amor que Dios nos ha manifestado en Cristo Jesús nuestro Señor".
Romanos 8:38, 39

- Una jerarquía de autoridad se puede apreciar en la mención de ángeles, principados y potestades.
- Unos son un poco más poderosos que otros.

PREPARACIÓN PARA LA BATALLA

Si se ha llegado a la conclusión de que alguien necesita armar una potencia ofensiva en contra de algo diabólico:

- Prepárate deshaciéndote de aquello que pudiera obstaculizar tu relación con Dios.
- No acudas solo sino acompáñate de dos cristianos maduros experimentados para que te ayuden.
- Ora pidiendo la protección divina.

LA AUTORIDAD DEL CREYENTE

- Es por la autoridad que Jesús nos ha otorgado y por el poder de su sangre.
- No es porque yo pueda o tenga el poder, sino por Jesús.
- Tenemos la autoridad para comandar a los ángeles.
- Tenemos la autoridad para demandar que los espíritus inmundos salgan.
- Los espíritus inmundos pueden ser muy resistentes y poderosos; la lucha puede durar horas.

El proceso inicia con oración y luego se dirige uno directamente al demonio. En ocasiones habrá una voz audible por parte directa del poseído en su tono de voz y en otras ocasiones la voz será distinta a la de la persona. En la mayoría de los casos no huábrá ninguna respuesta inmediata sino hasta cuando el proceso vaya progresando. La orden dada al demonio para salir siempre será en el nombre de Jesús y por la autoridad de su sangre. Algunas veces la lucha empieza en este momento cuando el ser maligno recibe la orden de salir. Lógico, él se rehusará, argumentará y desafiará. También, puede que el poseído responda con emociones tales como lloro o sintiendo dolor. Ordénale al demonio que deje de atormentar al individuo, que ya pare de causarle molestias y que salga. Esto puede durar bastante tiempo y hasta puede ser que se trate de varios demonios. Los que no están en una confrontación directa con el demonio deben seguir orando. El líder de la contienda debe resistir y seguir ordenándole al demonio que abandone al poseído. El líder tiene toda la potestad y autoridad de Cristo en sus manos. Puede que tal ser angelical tenga tanto poder que se necesite más de una visita para expulsarlo. Una parte sumamente importante es que el poseído debe estar en acuerdo a que el demonio salga de su cuerpo. Hay personas que no desean deshacerse de este compañero que han tenido por varios años. Una vez que la persona está en acuerdo de dejarlo ir, siga ordenándole al demonio que salga. Esto lo repetirás hasta que el ser maligno abandone a la persona. Este es tan sólo un ejemplo de cómo yo he manejado la situación algunas veces, pero otros líderes maduros en el evangelio podrían presentar otras maneras de hacerlo Escrituralmente.

EJEMPLO DE UN CASO

José Luis tenía siete años de edad, cuando sus parientes lo trajeron y dejaron en el orfanato en la Ciudad de México. Sus padres no pudieron cuidarlo más. Inicialmente, se ajustó más o menos bien pero luego empezó a manifestar momentos de incoherencia, simplemente repetía "ya me tengo que ir". En una de esas ocasiones se le permitió salir. Así que se levantó de la cama, caminó hacia la calle donde lo esperaba una mujer para llevárselo. Lo que concluimos fue que el mismo demonio lo había citado afuera de las instalaciones del orfanato. Yo acompañaba a José Luis. No había visto a la mujer sino hasta cuando intentó arrebatármelo. Yo tuve que forcejear con ella para que no lo llevara. Era muy fuerte y tenía la misma mirada que José Luis tenía en esos momentos: una mirada perdida, totalmente ausente. Una vez que logré zafarlo de sus potentes manos, lo llevé nuevamente adentro y seguimos orando por él y ordenándole a los espíritus malignos a que salieran de él. En ese momento noté que José Luis tenía una cicatriz en forma de "Y" en su cabeza. José Luis nos aseguró que se trataba de una cicatriz producto de una golpiza que recibió a manos de sus padres y que no se acordaba si se la había causado un cinturón o una plancha. La historia que José Luis nos contaba cambiaba cada vez. Un buen día se acercó a la clínica para ver si le podían quitar la cicatriz. Fue allí donde recordó que la Y se la habían puesto sus padres como una marca distintiva de una ceremonia celebrada con velas y donde todos vestían túnicas negras. Nombramos a varias personas que estuvieron orando fuera de la clínica mientras José Luis era operado para quitarle la cicatriz y ponerle puntos para cerrar la herida. Después de eso, José Luis se sentía más libre y pudo crecer en su fe con rapidez. Un día, mientras acampaba con los jóvenes de su misma edad a las afueras de la ciudad en el bosque, una fuerza extraña lo empujó por un acantilado y cayó dentro de una poza de agua poco profunda. Aparentemente no le había pasado nada, pero pronto empezó con problemas para respirar. Para cuando llegó a la clínica presentaba serios problemas. En el proceso que se tenía que hacer para llevarlo a un hospital se murió. Los primeros auxilios no le sirvieron de nada. No pudo ser reanimado. Todo sucedió tan rápido que no se esperaba así. Al parecer, los espíritus inmundos lo tenían bien atrapado. Un año más tarde sus padres se aparecieron por el orfanato para llevárselo porque, según ellos, José Luis había sido seleccionado para ser un sacerdote satánico. En vez de ello, Dios obtuvo la victoria llevándoselo antes de que esto pasara. Sus compañeros siempre se dirigieron a él y lo llamaban "Campeón". Así fue recordado durante su funeral y sepelio.

Esta historia la presento únicamente para que seas testigo y tengas una perspectiva real de la batalla espiritual que los niños enfrentan a diario. Estos niños le pertenecen a Dios y nosotros tenemos que pelear la batalla para traerlos de nuevo a Cristo. No podemos pasar por alto la naturaleza espiritual de la lucha y debemos cuidarnos para que el enemigo no nos engañe.

Nuestras luchas pueden ser algo más que únicamente niños en lo personal. Hay momentos en que las situaciones de la casa hogar son un punto de un peligro y opresión espiritual tal que el personal necesita remover toda influencia negativa y llamar a los ángeles para que éstos brinden una protección especial de ayuda. Si nuestro pensamiento está centrado en términos espirituales, estaremos mejor preparados para luchar contra estas fuerzas espirituales de maldad y mantener a salvo y seguros en Dios a los niños. Todos debemos estar cerca de Dios.

CONCLUSIÓN

Estamos todos en una lucha espiritual.
Aunque no todo el mal procede de los demonios, éstos son reales y están muy activos en nuestro mundo.
Su actividad se intensificará ya que se acerca su fin.

Debemos estar sabidos y dispuestos a pelear cuando sea necesario. El creyente tiene la autoridad para expulsar demonios y para pedir la ayuda de los ángeles con este propósito en nuestro trabajo.

NUESTRA COMISIÓN DIARIA

"Pónganse toda la armadura de Dios para que puedan hacer frente a las artimañas del diablo. Porque nuestra lucha no es contra seres humanos, sino contra poderes, contra autoridades, contra potestades que dominan este mundo de tinieblas, contra fuerzas espirituales malignas en las regiones celestiales. Por lo tanto, pónganse toda la armadura de Dios, para que cuando llegue el día malo puedan resistir hasta el fin con firmeza. Manténganse firmes, ceñidos con el cinturón de la verdad, protegidos por la coraza de justicia, y calzados con la disposición de proclamar el evangelio de la paz. Además de todo esto, tomen el escudo de la fe, con el cual pueden apagar todas las flechas encendidas del maligno. Tomen el casco de la salvación y la espada del Espíritu, que es la palabra de Dios. Oren en el Espíritu en todo momento, con peticiones y ruegos. Manténganse alerta y perseveren en oración por todos los santos".
—Efesios 6:11–18

NOTAS

CAPÍTULO 18

Comportamiento suicida y autodestructivo

Una de las situaciones muy trágicas es la de que un niño llegue al punto de suicidarse. Yo he tratado niños desde la edad de cuatro años en adelante que ya muestran indicios de querer suicidarse. También he participado en la reconstrucción de familias devastadas en las cuales uno de sus hijos se ha suicidado. Como cuidador, tú debes estar bien familiarizado con los signos que muestra un niño que pasa por una gran angustia y que posiblemente esté considerando ponerle fin a su vida. También debes saber cómo responder con prontitud sin poner en riesgo a nadie o empeorar la situación, sino que debes alcanzarlos hasta el borde donde se encuentran, recuperarlos y ayudarles a vivir.

¿POR QUÉ EL SUICIDIO?

¿A qué se debe que un niño llegue al punto donde seriamente considera el hecho de quererse suicidar? Algunas posibles causas son las siguientes:

- Desesperación, desesperanza, impotencia.
- Abrumado, sintiéndose atrapado.
- Confusión.
- Ruptura romántica.

- La muerte de alguien amado.
- Accidental (Jugando con objetos peligrosos, manejando muy rápido, etc.).
- La depresión.
- La psicosis.
- Bajos niveles de serotonina en el cerebro.
- Cansancio emocional.
- Dolor físico que se vuelve intolerable.
- El abandono.
- Sentir que a nadie le importa, ya que no se siente amado por nadie.
- Síntomas médicos o psiquiátricos abrumadores.
- Combinación del anterior, mayormente sintiendo depresión.

Riesgo de suicidio

- El riesgo de comportamiento suicida aumenta en los niños que muestran lo siguiente:
- Mucho tiempo padeciendo enfermedades físicas o mentales.
- Malas conexiones con los demás que podrían ayudarles con sus emociones.
- Falta de orientación futura (Metas, propósitos, etc.)
- Comportamiento de aislamiento.
- Declaraciones circunstanciales que podrían interpretarse como que muestran pensamientos suicidas: "No estoy seguro de que yo deba andar por aquí", "Nadie me extrañaría" o "Yo a nadie le hago un bien". Estas declaraciones se deben tomar en el contexto que el niño las dice; es decir, para entenderlas bien se deben tomar junto a otros factores de riesgo.
- Los niños en riesgo podrían mostrar estos comportamientos:
- Cambios repentinos de comportamiento, de pronto feliz mostrando alivio de alguna preocupación, regalando cosas, aislándose demasiado, sin comunicarse con nadie.
- Cambios en sus hábitos de dormir.

- Dibujos o escritura que son oscuros, con sangre, expresión de menosprecio por sí mismo, reflejando odio a sí mismo.
- Obsesión por las armas, lo cual no sucedía antes.
- Intercambiar opiniones respecto a las formas que hay para suicidarse.
- El niño suicida también puede mostrar las siguientes características:
- Sus conversaciones son acerca de la muerte o el suicidio.
- Tiene un historial de intentos previos.
- Muestra un diagnóstico actual de depresión aguda, trastorno bipolar, trastorno de pánico, esquizofrenia, o "Trastorno por estrés post-traumático".
- Se corta a sí mismo.
- Es un niño que entiende perfectamente lo que es la muerte y muestra patrones de comportamiento de auto flagelación que van siendo más constantes y van en aumento.
- Un familiar o amigo cercano ha intentado o se ha suicidado.

EL SUICIDIO Y EL TRASTORNO REACTIVO DE APEGO

- Si el "Trastorno reactivo de apego" no se resuelve, esto deja al niño sin la habilidad para conectarse con otros y buscar apoyo emocional.
- La vida se torna muy abrumadora y las demandas o expectativas sociales son estresantes.
- Existe confusión respecto a la lealtad y sinceridad: "¿A quién me puedo apegar?" o "¿Me lo permitirán mis apegos pasados?"
- El niño puede mostrarse muy sensible ante la crítica, ya que su autoestima no está bien desarrollada.
- Muchos niños con "Trastorno reactivo de apego" están predispuestos genéticamente a sufrir enfermedades mentales.

- Es posible que siendo que el padre no se trató respecto a su enfermedad mental, esto produjo que el niño tuviera el ambiente propicio para desarrollar sus problemas de apego.
- Generalmente, las habilidades de afrontamiento del niño no están bien desarrolladas y por ello no puede confiar en los demás.
- Para llenar el vacío, el niño podría desarrollar patrones de auto flagelación o lesión que lo predisponen a un eventual comportamiento suicida.

VALORACIÓN

- ¿En qué nivel de funcionamiento se encuentra el niño; es decir, ¿Cuál es su coeficiente intelectual o cualquier otra medición pertinente? Si su edad mental es de cinco años o menos, podría ser que el niño no entienda el concepto de muerte o su permanencia.
- ¿Está presente una enfermedad física, condición crónica o dolor?
- ¿Qué hay en cuanto a anteriores diagnósticos de alguna enfermedad mental?
- ¿Presenta cambios en sus hábitos de dormir o comportamiento?
- ¿Ha habido otras amenazas de suicidio? Algunos individuos con pensamientos suicidas siguen la ley del progreso: primero presentan sus amenazas de suicidio, luego se arañan, después se flagelan para más tarde ingerir una sobredosis de alguna droga y por último suicidarse disparándose.

PROGRESIÓN SUICIDA

Pensamientos de suicido que pueden cambiar a
Amenazas de suicidio que pasan a
Rasguñarse las muñecas

Cortarse las muñecas u otras partes y luego puede llegar a
Cortarse más profundo y luego
Cortarse el cuello o disparandose
O tomar pequeñas dosis de drogas e ir incrementando con cada intento de suicidio hasta lograrlo.

ACERCAMIENTOS

Una vez que se está seguro de que este es el caso, se procederá a tener una plática cara a cara con el niño. El personal de la casa hogar debe tener mucho cuidado en el comportamiento que muestre y el acercamiento que emplea. El acercamiento debe ser sin prejuicios, pasivo, amistoso y compasivo. Las preguntas a plantear son si el niño se siente con ganas de hacerse daño, por qué, qué sería diferente si procediera a suicidarse y en qué forma lo haría (en detalle). A esta altura, determine con precisión si la amenaza es real y si el niño tiene acceso a los medios que propiciarían su éxito. Aun si el niño está convencido que tres aspirinas lo matarán, esto es sumamente grave porque está seguro y por lo tanto es una amenaza real.

A través de tu sesión de preguntas, tú debes concluir con una de las siguientes:

- Hay peligro inmediato a sí mismo, a pesar de estar monitoreado muy de cerca todo el tiempo.
- Hay peligro inmediato a sí mismo, pero puede estar seguro y a salvo si se le monitorea de cerca.
- No hay peligro inmediato, pero existen patrones en desarrollo que podrían manifestar comportamientos peligrosos en el futuro.
- No hay peligro inmediato; fue una situación de estrés y por lo tanto las amenazas a sí mismo fueron pasajeras.

INTERVENCIÓN
PELIGRO INMEDIATO A SÍ MISMO A PESAR
DE ESTAR MONITOREADO MUY DE CERCA

- Si las amenazas llegan al punto de presentar un peligro inminente, el individuo no puede resolver esto y por lo tanto sigue presentando un intento por auto destruirse; entonces, se necesita hospitalizar al niño si eso es una opción disponible.
- Si resulta imposible conseguir un confinamiento seguro, se hace necesario que el personal de la casa hogar se turne cuidando al niño hasta que éste sea evaluado por un doctor o psiquiatra.
- Si el hospital no puede admitir al niño, se debe buscar un cuarto apropiado aislado donde el niño pueda ser atendido por un doctor y un psiquiatra y así juntos puedan suministrar los medicamentos necesarios para calmar al niño. Así, el niño puede ser trasladado al hogar y allí mantenerse bajo estricta vigilancia.
- Lo primero es calmar al niño y proveerle seguridad.

PELIGRO INMEDIATO A SÍ MISMO,
PERO PUEDE ESTAR A SALVO SI SE
LE MONITOREA DE CERCA

- Despeja el área o el cuarto de materiales que puedan representar un peligro; es decir, retirar medicamentos, objetos filosos, objetos que se pueden romper, objetos pesados, cuerdas o mecates, cinturones, etc. Las jovencitas deben despojarse y entregar sus sostenes si dentro de las amenazas existe la de colgarse.
- El personal que debe cuidar y vigilar al niño mínimo debe ser uno o dos a la vez si la situación así lo requiere y durante el tiempo que se crea necesario. La seguridad del niño es lo vital.

- Se procede a consultar inmediatamente al doctor o psiquiatra de la casa hogar para que ellos procedan a medicar adecuadamente o si no se requiere medicamento alguno.
- Supervisa constantemente, pero no proporciones atención indebida o exagerada de tal forma que el niño sienta que se le está recompensando por su mal proceder.
- Provee consejería para des-escalar la situación y provee alternativas al comportamiento suicida.
- Con la ayuda de un consejero, trabaja en aras de reducir la supervisión ya que el paciente debe asumir y tomar la responsabilidad de su vida nuevamente.

NO HAY PELIGRO INMEDIATO, PERO EXISTEN PATRONES EN DESARROLLO Y LOS CUALES PODRÍAN MANIFESTAR COMPORTAMIENTOS PELIGROSOS EN EL FUTURO

- Provee consejería para que el niño desarrolle destrezas en cómo hacer frente a situaciones así y sepa cómo manejar su estrés.
- Ten cuidado de no sobre reaccionar o reaccionar muy levemente a la situación.
- Evita crear un escenario de recompensas: atención o atención negativa, lo cual también es una recompensa.
- Pida la intervención inmediata del psiquiatra.

NO HAY PELIGRO INMEDIATO; FUE UNA SITUACIÓN DE ESTRÉS Y POR LO TANTO LAS AMENAZAS A SÍ MISMO FUERON PASAJERAS

Platicar lo sucedido, mayormente hay que darle al niño la oportunidad para que se desahogue y ventile todo de una manera segura. Una vez libre de la situación, platiquen sobre las mejores maneras de lidiar con el estrés.

COMPORTAMIENTOS SUICIDAS CRÓNICOS

Se necesita y requiere consejería permanente y cuidado psiquiátrico.

Con la ayuda de un consejero o psiquiatra, determina qué medidas sanas se deben emprender, ya sean causados por los niveles de amenazas o por los tipos de intervenciones.

Todas las amenazas se toman de manera seria, pero la respuesta se evalúa para considerar aquello que más pueda servir.

Algunos niños no pueden dejar de lado el comportamiento suicida y por lo tanto requieren ser reubicados a un lugar seguro duradero.

RESÚMEN

Toda amenaza de suicidio está comunicando algo a lo cual se debe responder.

Dependiendo del nivel de la amenaza, la intervención varía desde internar al niño en una clínica, internarlo en una institución especializada, ofrecerle consejería en tiempos de crisis o hasta resolver la crisis de manera inmediata.

Si tienes duda, dirígete inmediatamente al hospital: el personal de emergencias te ayudará a evaluar la situación.

Si el niño es un peligro para sí mismo y se rehúsa a ir al hospital, pide ayuda de la policía.

NOTAS

CAPÍTULO 19

El suministro de medicamentos

Muchos niños llegarán a la casa hogar con sus medicinas que toman o se las recetará el doctor ya estando allí. Algunos niños se recuperarán rápido, pero otros tardarán meses o hasta años para solucionar su situación crónica que enfrentan. Para suministrar de manera adecuada los medicamentos correctos, hay ciertos elementos de importancia a considerar.

- Apréndete el nombre del medicamento, para qué sirve y, si es posible, los efectos secundarios que pueda presentar. También resulta muy importante saber si el niño es alérgico a ciertas medicinas y poner a disposición de todo el personal y proveedores médicos dicha información. Si tu médico de cabecera no proveyó la información, puedes consultar en internet. Medscape tiene una página muy confiable donde puedes checar esto: WebMD.com
- Apréndete las cinco aplicaciones o administración **correcta** de medicamentos:

  1. **El medicamento o medicina *correcta***: ¿Es lo que el doctor dijo que sería?
  2. **La dosis *correcta***: ¿Es media pastilla, una pastilla, dos pastillas, una cucharada cafetera, o una cucharada sopera?

3. **El paciente** *correcto*: ¿Corresponde el nombre del bote o medicamento al nombre del niño al cual le estoy dando la medicina?

4. **La hora** *correcta*: ¿Debe darse en la mañana, en la tarde, en la noche, a una hora específica del día, después de una cierta comida o sin comida o leche?

5. **Por la vía** *correcta*: ¿Es tomada, inyectada, administrada por el ano, bajo la lengua, en la nariz o en la piel?

- Para administrar el medicamento, toma la cantidad adecuada del recipiente que lo contiene y colócalo ya sea en la mano del paciente o en un recipiente desechable. Si el paciente está en condiciones de hacerlo, que se lleve el medicamento a la boca; en el caso de pastillas, debes suministrar agua, a menos de que se trate de un medicamento que se coloca por debajo de la lengua.

- En el caso de líquidos, vierta la cantidad apropiada en un recipiente especial de medición. Si el medicamento provee una jeringa de medición, ésta es la adecuada que se debe usar para suplir la cantidad exacta. El aplicador puede ser la jeringa y, siendo así, hay que colocarla por un lado dentro de la boca del paciente y una vez asegurada empuje despacio para que el medicamento fluya; en el caso de un recipiente de medición, el paciente mismo puede verterlo en su boca si está en las condiciones de manejarlo.

- Asegúrate de que el niño se tome todo el medicamento. Si no estás seguro de que esto sea verídico, que el niño abra su boca para que tú revises que no quede medicamento en la boca o debajo de la lengua.

- En Los Estados Unidos de Norteamérica y otros países, se encuentran medicamentos envasados o empaquetados para suministrar todo un mes de ellos al paciente y arreglados de tal manera que un paquetito sea la dosis diaria. Así, no hay margen de error y se pueden etiquetar de tal forma que se sepa si la porción es para la mañana, tarde o noche. Todo listo y disponible con el nombre del paciente. Esta es una forma segura de hacer las cosas bien.

- En el caso de hogares pequeños y con pocos niños que toman medicamentos, se puede tener disponible semanalmente un juego de medicamentos para cada niño. El mueble donde se colocan **las medicinas puede mostrar el nombre del paciente, sus medicamentos de la semana, dividido** por días y los horarios de la toma. Al momento de la administración del medicamento, este se toma del compartimiento indicado, se coloca en el recipiente desechable y se le suministra al niño, asegurándose de que se ingiera todo el contenido.

- Los medicamentos presentados como ungüentos o cremas no tienen una dosis exacta. Por lo tanto, simplemente hay que tomar una cantidad pequeña en la mano que debe llevar guante y se administra frotándose cubriendo bien toda el área de afectación.

- Los parches se colocan en un área limpia y seca de la piel. En el caso de niños pequeños, éstos no deben poder alcanzar el parche para arrancárselo con sus manos.

- Los medicamentos que se disuelven bajo la lengua se suministran sin agua y por lo general el **paciente no debe tomar nada por unos diez minutos.**

- Si el medicamento es inyectable, únicamente lo debe suministrar el personal médico capacitado. Es muy posible que haya personal médico que haga rondas de aplicación de inyecciones. Si no hay personal médico disponible, los cuidadores pueden aprender a inyectar para que sean ellos mismos los que suministren las dosis.

- Muchos medicamentos desarrollan adicciones y por lo tanto las consideran como substancias controladas en muchas áreas. Éstas se deben almacenar en lugares bien asegurados. Estos medicamentos son los que se usan como estimulantes para los niños hiperactivos, medicamentos para combatir el dolor y medicinas contra la ansiedad.

- El lugar donde se guarden las medicinas debe ser un lugar apropiado para su almacenamiento y **clasificación, fuera del alcance de los niños. Debe ser un lugar designado para tal fin: clóset,** cuarto, alacena, armario, lugar de almacenamiento bajo llave. Si el medicamento requiere refrigeración, entonces se debe proveer un lugar adecuado de fácil acceso para el personal de la casa hogar, pero fuera del alcance de los niños.

BOTIQUÍN DE PRIMEROS AUXILIOS

Cada casa hogar debe contar con un botiquín de primeros auxilios. Éste contendrá material básico para curar heridas leves. De igual manera, contendrá medicinas que se suministran sin receta médica. La idea es que se tenga lo necesario para tratar enfermedades leves.

CONTENIDO SUGERIDO

- Bendas
- Gaza
- Cinta adhesiva
- Ungüento triple antibiótico
- Peróxido de hidrógeno
- Paracetamol (Panadol, Tylenol, etc.) en líquido y en tabletas o cápsulas.
- **Analgésicos para bajar la fiebre y el dolor, tanto en líquido como en tabletas o cápsulas.**
- Jarabe para la tos, conteniendo guaifenesina y destrometorfano.
- Loperamida para combatir la diarrea.
- Otros artículos apropiados y de fácil acceso en la localidad.

Siga al pie de la letra la dosis que el paquete, caja o envoltura describe. Siempre se debe tomar en cuenta la edad y el peso corporal del niño. En muchos lugares, se hace necesario que sea un doctor el que dosifique y firme su recomendación, ya sea en el paquete o en una receta.

El uso adecuado de los medicamentos puede ser de gran ayuda para aliviar los síntomas y tratar varias enfermedades. Por lo contrario, los medicamentos pueden resultar muy peligrosos en dosis inapropiadas o en el caso de las alergias.

Es importante que la guía descrita con anterioridad se siga de manera estricta. Las medicinas se deben suministrar de manera adecuada y así evitarnos complicaciones. Debemos asegurarnos de que toda enfermedad o trastorno se maneje de manera tal que los niños tengan un desarrollo adecuado y sano.

Puedes imprimir la hoja que sigue, para que tengas visible las cinco aplicaciones correctas de medicamentos. Así no tendrás que recordarlas.

LOS CINCO APLICACIONES O ADMINISTRACIÓN CORRECTOS DE MEDICAMENTOS

El medicamento o medicina *correcta*: ¿Es lo que el doctor dijo que sería?

La dosis *correcta*: ¿Es media pastilla, una pastilla, dos pastillas, una cucharada cafetera, o una cucharada sopera? Lee las instrucciones en la etiqueta.

El paciente *correcto*: ¿Corresponde el nombre del bote o medicamento al nombre del niño al cual le estoy dando la medicina?

La hora *correcta*: ¿Debe darse en la mañana, en la tarde, en la noche, a una hora específica del día, después de una cierta comida o sin comida o leche?

Por la vía *correcta*: ¿Es tomada, inyectada, administrada por el ano, bajo la lengua, en la nariz o en la piel?

NOTAS

REFERENCIAS Y LECTURAS SUGERIDAS

American Psychiatric Association. 2013. *"The Diagnostic and Statistical Manual of Mental Disorders"* (SDM-5). 5TH ED. Washington, DC: American Psychiatric Press, 2013 [Manual estadístico y de diagnósticos de los trastornos mentales].

Anderson, e Neil T. 1990. *"The Bondage Breaker: Overcoming Negative Thoughts, Irrational Feelings, Habitual Sins"*. Eugene, OR: Harvest House Publishing [Rompiendo las cadenas: sobreponiéndose a los pensamientos negativos, los sentimientos irracionales y los hábitos de pecado].

Bowlby, John. 1988. *"A Secure Base: Parent-Child Attachment and Healthy Human Development"*. New York: Basic Books. [Una base segura: apego padre hijo y desarrollo humano saludable]

Cline, Foster, and Jim Fay. 1990. *"Parenting with Love and Logic"*. Colorado Springs, CO: Pinon Press. [Crianza con amor y lógica]

Hughes, Daniel A. 1997. *"Facilitating Developmental Attachment: The Road to Emotional Recovery and Behavioral Change in Foster Adopted Children"*. Northvale, NJ: Jason Aronson Inc. [Facilitando el desarrollo del apego: el camino a la recuperación emocional y cambios de comportamiento en los niños en custodia y adoptados]

Mahler, Margaret S., Fred Pine, and Anni Bergman. 1975. *"The Psychological Birth of the Human Infant: Symbiosis and Individuation"*. New York: Basic Books. [El nacimiento psicológico del infante: simbiosis y personalización]

Smalley, Gary, and John Trent. 1986. *"The Blessing"*. Nashville, TN: Thomas Nelson Publishing. [La bendición].

SITIOS EN INTERNET

MentalHelp.net
Usa este sitio para navegar e investigar lo relacionado a los muchos
diagnósticos de los trastornos mentales en niños.

Aspergers.com
Esta es la página de Asperger donde hay información relacionada con
el trastorno de Asperger.

Minds.nihgov
El Instituto nacional de trastornos neurológicos y ataques de
corazón tiene información concerniente al espectro autista, déficit de
atención, trastornos de aprendizaje y otros síndromes neurológicos
de los niños.

Nimh.nih.gov
En esta página del Instituto nacional de salud mental puedes obtener
trípticos e información detallada de cada trastorno mental.

ACERCA DEL AUTOR

Larry Banta nació y creció en Ohio, en una granja cerca de Cincinnati. Una vez que se graduó de la preparatoria en Lebanon, Ohio, emigró a Lincoln, Nebraska donde estudió microbiología. Allí obtuvo el grado de Licenciado en Ciencias. Luego, entró a la Universidad de Medicina en Nebraska, obteniendo el título de doctor en medicina.

En su primer año en Nebraska aceptó a Jesucristo como Señor y Salvador de su vida. Todo cambió para él porque muy pronto conoció a Ellen Fairbrother y se casó con ella. Ellen era hija de unos misioneros en la India. Los dos sentían una pasión enorme por los niños y por el trabajo misionero. Un beca otorgada por Readers Digest MAP (programa de asistencia medica) y su programa de asistencia médica Larry obtuvo una beca para terminar sus últimos tres meses de prácticas en un orfanato en la India. Fue en su estancia allí que él entendió lo de misiones en el extranjero. Durante su estancia en la India, Larry y Ellen se dedicaron a servir de tiempo completo: ella empezó una escuela preescolar y él ayudó a diseñar un hospital como parte de su obra misionera y evaluó las necesidades médicas locales.

Con planes en mente de regresar a la India para continuar su entrenamiento médico, Larry terminó un período de capacitación en medicina interna e hizo dos años de prácticas generales en Dakota del sur. Aunque él personalmente conocía al asistente personal del presidente de la India, le fueron negadas las visas que solicitó. En vez de irse a la India se fueron a Kenia a un recorrido de veinte meses. Su primer año lo pasaron rehabilitando gente que había pasado por una hambruna. Esto fue entre la gente de la tribu Pokot, en Kiwawa, en la parte oeste de Pokot. El segundo año lo pasaron en la parte central de Kenia, en el distrito de samburu. Aquí fundaron una iglesia, una clínica y un orfanato. Debido a los problemas de salud de Ellen, les fue necesario regresarse a Los Estados Unidos en 1984.

Regresaron a Los Estados Unidos sintiéndose como que habían fallado y muy desanimados. En el vuelo de regreso oraron fervientemente para que Dios les indicara el camino a seguir. Para Larry la indicación era clara: la práctica psiquiátrica. Al principio, este llamado parecía no tener lógica porque ellos sentían profundamente que debían servir en el campo misionero y la psiquiatría todavía no había llegado a tanto. Al llegar a Los Estados Unidos se hospedaron en la casa de los ex misioneros Norton y Lois Bare, abuelos de Ellen. Los dos ya eran viejos y Norton padecía de Alzheimer. Norton era un psiquíatra ya jubilado. En la sala de su casa Norton tenía revistas, publicaciones y materiales de psiquiatría. Ni Larry ni Norton conocían los planes divinos. Sin embargo, cuando Larry llegó, Norton apiló todas las publicaciones en un sofá de la sala y le dijo a Larry "son para ti, los vas a necesitar". Estas palabras carecían de sentido en el momento, pero esto fue lo último que Norton hizo como servicio a Dios.

El montón de publicaciones en el sofá provocó el momento decisivo en Larry. No había duda de lo que Dios quería que Larry hiciera. Inmediatamente le llamó a un ex profesor de la escuela de medicina y en unos cuantos minutos ya le tenía un puesto para él. Así empezó su formación psiquiátrica.

Después de su residencia en psiquiatría general, Larry obtuvo una beca para especializarse en psiquiatría para niños y adolescentes. Durante este tiempo, Larry trabajó con padres adoptivos y con niños con necesidades especiales pero que vivían fuera de su casa. En especial, estos eran niños con problemas o trastornos de apego.

Durante los dos siguientes años, una vez terminado su entrenamiento, Larry se esforzó por conectarse a ministerios con los niños. Como familia, los Banta viajaron a Haití. Esto les abrió muchas puertas y Larry se dio plena cuenta de que el cuidado psiquiátrico tenía mucho que ofrecer. Por muchos años, iban una vez al año a Haití. Fue así como supieron de Niños de México, un hogar cristiano para niños en la Ciudad de México. En respuesta a este ofrecimiento, la administración estaba ansiosa por esta visita de un psiquíatra y quería saber qué podría ayudar a los niños respecto a todo esto.

Muy pronto, Larry y Ellen viajaron juntos a México de manera frecuente para capacitar al personal, para evaluar a los niños y para ayudar a toda la organización Niños de México. Ellen se preguntaba si sería buena idea irse a vivir a México para ser de más ayuda. Así que sirvieron de tiempo completo a estos niños de 1996 a 1999. Después, ayudaron como consultores hasta el año 2006. Ellen fue pieza clave para iniciar una escuela en las instalaciones de Niños de México. Ellen se enfermó de esclerosis multiple en 2007 y falleció en 2017. Larry inició una clínica donde se atendía a los niños que necesitaban ayuda médica y psiquiátrica. Larry sigue viajando una vez al año a la Ciudad de México para proveer ayuda, capacitación y ánimo a todo el personal y la administración de Niños de México.

En el momento actual de la escritura de este libro, Larry sigue trabajando como empleado del hospital comunitario en Idaho. Está a cargo del cuidado psiquiátrico y neuro-psiquiátrico para todas las edades. Viaja varias veces al año a distintos lugares para capacitar gente cuando así se lo piden.

Es el ruego de Larry que este manual sirva de guía para fundar más ministerios que alcancen a los niños. Larry vive preocupado por aquellos niños que no tienen hogares y familias que los cuiden. Estos son los niños que el mundo ha desechado, pero que Dios ha recogido.